Wortschatzübungsbuch Koreanisch

Sang-Yi O-Rauch lehrte und forschte von 2006 bis 2015 an der Universität Bonn in den Bereichen Sprachwissenschaft und Sprachpraxis des Koreanischen sowie Koreanistik. Anschließend arbeitete sie am Germanistischen Seminar der Universität Siegen. Seit 2021 ist sie als Sprachlektorin für Koreanisch in der Abteilung für Japanologie und Koreanistik an der Universität Bonn tätig.

Sang-Eun Lee ist Studentin im Masterstudiengang Asienwissenschaften mit Schwerpunkt Koreanistik sowie Wissenschaftliche Hilfskraft und Tutorin in der Abteilung für Japanologie und Koreanistik der Universität Bonn.

Melek Cinar ist zertifizierte Interkulturelle Trainerin und Studentin im Masterstudiengang Asienwissenschaften mit Schwerpunkt Koreanistik sowie Wissenschaftliche Hilfskraft und Tutorin in der Abteilung für Japanologie und Koreanistik der Universität Bonn.

Kiana Pendar ist Studentin im Masterstudiengang Asienwissenschaften mit Schwerpunkt Koreanistik sowie Wissenschaftliche Hilfskraft in der Abteilung für Japanologie und Koreanistik der Universität Bonn.

Sang-Yi O-Rauch, Sang-Eun Lee,
Melek Cinar, Kiana Pendar

Wortschatzübungsbuch Koreanisch

BUSKE

Bibliografische Information der Deutschen Nationalbibliothek
Die Deutsche Nationalbibliothek verzeichnet diese Publikation in der Deutschen Nationalbibliografie; detaillierte bibliografische Daten sind im Internet über ‹https://portal.dnb.de› abrufbar.

ISBN 978-3-96769-374-4

 Umschlaggestaltung: QART Büro für Gestaltung, Hamburg. Satz: Satzpunkt Ursula Ewert, Bayreuth. Druck und Bindung: Drukarnia Dimograf, Bielsko-Biała. Printed in Poland.

Inhaltsverzeichnis

Vorwort

Die Idee für das vorliegende „Wortschatzübungsbuch Koreanisch“ geht auf eine abteilungsinterne Initiative zur Erstellung von Lehrmitteln zurück, an der sowohl Dozenten als auch Hilfskräfte und Tutorinnen des Studiengangs Koreanistik an der Universität Bonn mitwirken. Der Übungsband basiert auf dem 2021 ebenfalls im Buske Verlag veröffentlichten, thematisch sortierten „Grund- und Aufbauwortschatz Koreanisch“. In der Unterrichtspraxis wurden besonders im Bereich des Wortschatzes immer wieder vertiefende Übungen von Seiten der Kursteilnehmer gewünscht.

Da Wörter nicht als isolierte Listenelemente im Gedächtnis gespeichert werden, bietet dieses Buch umfangreiche, praxisnahe und abwechslungsreiche Übungs- und Lernaufgaben, bei denen zusammengehörige Begriffe und Wendungen sowie die Darstellung der inhaltlichen Beziehungen zwischen Wörtern wie etwa Synonymie, Antonymie und Wortfelder in Netzstrukturen aufgezeigt werden. Zur leichteren Erfassung und Einprägung der Wortbedeutungen verfügt das Buch auch über Übungsaufgaben, bei denen Wortbedeutungen paraphrasiert werden sollen. Die Übungen wurden so gestaltet, dass sie ein effektives und aktives Erlernen des Vokabulars ermöglichen und sich hervorragend als Ergänzung zum täglichen Lernpensum eignen.

Dieses Übungsbuch enthält außerdem eine Vielzahl von Lesetexten und authentischen Alltagsdialogen, die dabei helfen sollen, Wortbedeutungen aus konkreten Gebrauchskontexten heraus zu erfassen und zu erlernen. Es richtet sich zudem nicht nur an Lerner, die mit dem „Grund- und Aufbauwortschatz Koreanisch“ arbeiten, sondern auch an alle diejenigen, die ihren koreanischen Wortschatz effektiv und systematisch aufbauen, erweitern und vertiefen möchten.

In 22 Kapiteln (sortiert nach thematischen Feldern) werden insgesamt ca. 5.000 Wörter und Wendungen zu allen Bereichen des modernen Lebens abgedeckt. Im abschließenden Kapitel sind die wichtigsten grammatischen Informationen, die für den Gebrauch der Wörter im Kontext erforderlich sind, zusammengestellt. Abgerundet wird dieser Band durch einen Lösungsschlüssel zu allen Übungen sowie deutsche Übersetzungen zu ausgewählten Texten.

Die Autorinnen möchten sich an dieser Stelle bei den folgenden Personen für ihre Mithilfe und Unterstützung bei der Entstehung dieses Buches bedanken. Unser größter Dank gilt Herrn Dr. Sehoon Kwon und Frau Diplomübersetzerin Young Jin Kim, die das Projekt durch zahlreiche Diskussionen, kritische Kommentare und das Korrekturlesen des Manuskripts unterstützt haben. Ebenso danken wir dem Team des Buske Verlags für die überaus freundliche und geduldige Begleitung während des Projekts. Unser besonderer Dank gilt Frau Ilse Roxani Manola für das sorgfältige und umsichtige Lektorat des Manuskripts und Herrn Tim Oliver Pohl für die technische Umsetzung.

Wir hoffen, dass sich die Zeit und die Energie, die wir in dieses Übungsbuch investiert haben, gelohnt haben und dieses Wortschatzübungsbuch vielen Lernern des Koreanischen eine nützliche Hilfe sein wird.

Hinweise auf Fehler, Anregungen und Rückmeldungen zu diesem Band sind willkommen und können an die E-Mailadresse sorauch@uni-bonn.de gesendet werden.

Dr. Sang-Yi O-Rauch Bonn, im September 2024

1 Angaben zur Person / Personenbeschreibung
개인 정보와 인물 묘사

Angaben zur Person 개인 정보

1. 의미에 맞게 연결하십시오.
Verbinden Sie richtig miteinander.

1) 이름	a) Frau
2) 남자	b) Spitzname
3) 생년월일	c) Heimatland
4) 여자	d) Name
5) 고향	e) Adresse
6) 직업	f) Beruf
7) 별명	g) Mann
8) 주소	h) Geburtsdatum

2. 다음 단어를 사용해 대화를 완성하십시오.
Vervollständigen Sie die Dialoge mit den passenden Wörtern aus dem Wortspeicher. Achten Sie auf eine korrekte Form der Verben.

성함 • 주소 (3x) • 성 • 직업 • 살다 • 태어나다 • 살 • 생년월일 • 연세 • 적다 • 전화번호 • 되다 • 고향 • 오다

1) A: ______________이 어떻게 되세요?
B: 키아나 뮐러입니다.
A: ______________을 다시 한번 말해 주시겠습니까?
B: 뮐러입니다.
A: 죄송하지만 여기에 이름을 ______________ 주시겠습니까?
B: 예, 여기 제 이름을 썼습니다.
A: 어디에서 오셨어요?
B: 독일에서 ______________. 한국에 온 지 3개월이 ______________.

2) A: ___________가 어떻게 되세요?
B: 제 나이는 63 ___________입니다.
A: ___________이 어떻게 되세요?
B: 1960년 6월 10일에 ___________.
A: ___________이 어떻게 되세요?
B: 뮌헨입니다.

3) A: 집 ___________와 이메일 ___________는 어떻게 됩니까?
B: 저는 뮌헨 Märchenweg 5번에 ___________. 그리고 제 이메일 ___________는 kianamueller@gmx.de입니다.
A: ___________도 말씀해 주시겠어요?
B: 네, 0123-456789입니다.

4) A: ___________은 무엇입니까?
B: 대학 강사입니다.

3. 의미에 맞게 연결해서 쓰십시오.
Ordnen Sie richtig zu.

volljährige Person →	___________	미성년자
Kind →	___________	아이/어린이
Lehrer/in →	___________	부모님
Minderjährige/r →	___________	할머니
Eltern →	___________	성인
Großmutter →	___________	선생님

4. 다음 단어들의 반대말을 적어 보십시오.
Schreiben Sie die Antonyme der folgenden Wörter auf.

1) 소년 ↔ ___________
2) 처녀 ↔ ___________
3) 기혼이다 ↔ ___________
4) 어린이 ↔ ___________
5) 남자 ↔ ___________
6) 나이가 많다 ↔ ___________

5. 주어진 어휘 영역에 속하지 않는 것을 찾으십시오.
Welcher Ausdruck passt nicht in die Reihe?

1) 가족 상황: 미혼이다 / 결혼하다 / 태어나다 / 이혼하다 / 독신이다
2) 이름: 이름 / 성 / 본명 / 예명 / 가명 / 운명 / 별명
3) 탄생일: 출생일 / 출생년도 / 사망일 / 생년월일
4) 성별: 남성 / 여성 / 친척 / 남자 / 여자 / 남녀
5) 나이: 연령 / 동갑 / 연세 / 생김새 / xx살 / xx년생
6) 개인 정보: 국적 / 고향 / 거주지 / 집주소 / 직업 / 성별 / 음료

6. 다음 텍스트를 읽고 물음에 답하십시오.
Lesen Sie den Text und beantworten Sie die darauffolgenden Fragen.

자기소개

안녕하세요? 저는 김수지라고 합니다. 27살입니다. 1995년 3월 14일에 부산에서 태어났습니다. 지금은 부모님과 여동생과 함께 서울에서 살고 있습니다. 여동생은 저보다 나이가 세 살 어립니다. 현재 한국 대학교에서 국어국문학을 공부하고 있습니다.

저는 어렸을 때부터 책을 많이 읽어서 친구들사이에서 책벌레라는 별명이 붙여졌습니다. 이 별명은 저와 아주 잘 맞는 것 같습니다. 사실 제 미래의 꿈은 작가가 되는 것입니다. 여러분들도 집이나 학교에서 부르는 별명이 있습니까?

1) 수지의 고향은 어디입니까?
2) 수지는 동생보다 나이가 몇 살 많습니까?
3) 수지의 별명은 무엇입니까?
4) 수지의 장래 희망은 무엇입니까?

Äußere Erscheinung 외모

7. 위 줄에 있는 단어의 반대말을 아래 줄에서 찾아 연결하십시오.
Verbinden Sie die Antonyme richtig miteinander.

잘생기다	부드럽다	단단하다	짧다	깨끗하다	크다	날씬하다

길다	뚱뚱하다	작다	못생기다	약하다	더럽다	거칠다

8. 괄호 안의 단어를 사용해 텍스트를 완성하십시오.
Vervollständigen Sie den Text mit den eingeklammerten Wörtern.

제 ________________ (jüngere Schwester) 수미는 ________________가 (Körperfigur) 아주 날씬해요. ________________이 (Hals) 길고 ________________가 (Taille) 가늘며 ________________가 (Schultern) 좁아서 자켓을 입으면 잘 어울려요. 게다가 ________________가 (Beine) 길고 날씬해서 치마도 잘 어울려요. 그런데 동생은 ________________이 (Hände) 안 예뻐요. ________________은 (Finger) 짧고 굵으며 핸드크림을 많이 발라도 손이 늘 거칠어요. 저와는 정반대예요. 저는 목도 짧고 어깨도 넓어서 자켓이 잘 안 어울려요. 하지만 손은 아주 예쁘고 ________________ (sanft).

9. 오른쪽 단어들을 사용해서 가족을 설명해 보십시오.
Beschreiben Sie mit den Wörtern rechts Ihre Familienmitglieder.

1) ________________________________
____
____

2) ________________________________
____
____

3) ________________________________
____
____

4) ________________________________
____
____

5) ________________________________
____
____

어머니	곱슬머리	예쁘다
아버지	젊다	짧은 머리
언니	날씬하다	스포티하다
오빠	약하다	나이가 들다
여동생	수염	통통하다
남동생	키가 크다	귀엽다
할아버지	잘생기다	긴 머리
할머니	뚱뚱하다	단단하다
…	…	…

Charakter 성격

10. 다음 단어들을 긍정적 성격과 부정적 성격으로 분류해 보십시오.
Ordnen Sie die folgenden Wörter in positive und negative Charakterzüge ein.

나쁘다 • 착하다 • 급하다 • 좋다 • 밝다 • 소심하다 • 친절하다 • 진지하다 • 뻔뻔하다 • 활발하다 • 냉정하다 • 나약하다 • 명랑하다 • 성실하다 • 부지런하다

긍정적 성격	부정적 성격

11. 같은 의미를 가진 단어 쌍 네 개를 찾으십시오.
Finden Sie die vier Wortpaare mit gleicher Bedeutung.

1) 무책임하다 – 책임감이 많다
2) 거만하다 – 교만하다
3) 냉정하다 – 따뜻하다
4) 무례하다 – 예의가 없다
5) 선량하다 – 착하다
6) 부지런하다 – 게으르다
7) 따분하다 – 지루하다

12. 접두사 (Präfix) “비-, 부-, 몰-”을 사용해서 반대말을 만들어 보십시오.
Bilden Sie das Antonym mit den Präfixen „비-, 부-, 몰-“.

1) 인간적이다 ↔ ______________
2) 낙관적이다 ↔ ______________
3) 긍정적이다 ↔ ______________
4) 논리적이다 ↔ ______________
5) 상식적이다 ↔ ______________

13. <보기>처럼“ –쟁이, -뱅이,-주의자“를 사용해서 인물 명사를 만드십시오.
Bilden Sie wie im Beispiel aus den folgenden Verben die entsprechenden Personenbezeichnungen.

<보기> 거짓말을 잘 하다 → 거짓말쟁이

1) 수다스럽다 → ____________________
2) 게으르다 → ____________________
3) 겁이 많다 → ____________________
4) 고집이 아주 세다 → ____________________
5) 완벽하다 → ____________________

14. 다음 단어들을 사용해 문장을 완성하십시오.
Vervollständigen Sie die Sätze mit den passenden Wörtern aus dem Wortspeicher. Achten Sie auf eine korrekte Form der Verben.

베풀다 • 소극적이다 • 고집이 세다 • 첫인상 • 게으르다 • 수줍음이 많다 • 활동적이다

1) 사라는 ________________(-아/어서) 사람을 처음 보면 좀 어색해 합니다. 그래서 친구들을 빨리 사귀지 못합니다.
2) 그녀는 성격이 소심해서 단체 활동에서 늘 ________________.
3) 나이가 들면 다른 사람에게 많이 ________________어/아야 합니다.
4) 당신은 ________________이 중요하다고 생각하십니까?
5) ________________ 사람은 다른 사람의 의견을 받아들이지 않습니다.
6) ________________ 사람은 명랑하고 단체 활동에서 적극적으로 일합니다.
7) ________________ 사람은 일을 열심히 하지 않아서 성공하기가 힘듭니다.

15. 맞는 답을 찾아 표시하십시오.
Kreuzen Sie die richtige Antwort an.

1) 거짓말을 하지 않고 솔직한 사람은?
☐ a) 정직하다 ☐ b) 뻔뻔하다 ☐ c) 차분하다 ☐ d) 초조하다
2) 서두르지 않고 조용하게 일하는 사람은?
☐ a) 덜렁거리다 ☐ b) 무뚝뚝하다 ☐ c) 차분하다 ☐ d) 초조하다
3) 약속을 반드시 지키는 사람은?
☐ a) 신뢰할 수 있다 ☐ b) 믿을 수 없다 ☐ c) 질투가 많다 ☐ d) 의심이 많다
4) 회사에서 과장으로 일하고 있는 사람이 더 높은 자리로 올라가고 싶다면?
☐ a) 야망이 있다 ☐ b) 조용하다 ☐ c) 겸소하다 ☐ d) 자신감이 없다

5) 참고 견디는 힘이 강한 사람은?
☐ a) 나약하다 ☐ b) 인내심이 많다 ☐ c) 겁이 많다 ☐ d) 의존적이다

6) 모든 것을 부정적이고 나쁘게 보는 사람은?
☐ a) 경솔하다 ☐ b) 긍정적이다 ☐ c) 비관적이다 ☐ d) 공손하다

7) 다른 나라에서 온 사람들을 미워하고 차별하는 사람은?
☐ a) 고집쟁이 ☐ b) 인종 차별주의자 ☐ c) 허풍쟁이 ☐ d) 이기주의자

8) 자신의 이익을 먼저 생각하는 사람은?
☐ a) 고집쟁이 ☐ b) 인종 차별주의자 ☐ c) 허풍쟁이 ☐ d) 이기주의자

2 Menschlicher Körper 인체

Körper 신체

1. 다음 신체부위를 한국어로 쓰십시오.
Ergänzen Sie die Abbildungen mit den Wörtern aus dem Wortspeicher.

Gesicht • Bein • Kopf • Brust • Hand • Fuß • Knie • Taille • Finger • Schulter • Rücken • Ellenbogen • Gesäß

2. 다음 단어들을 사용해 문장을 완성하십시오.
Vervollständigen Sie die Sätze mit den passenden Wörtern aus dem Wortspeicher.

뛰다 • (붙)잡다 • 떨다 • 꼬다 • 하체 • 주무르다 • 밟다 • 기대다 • 껴안다

1) 그녀는 추워서 온몸을 ________________ 고 있어요.
2) 그 사람은 상체는 긴데 ________________ 는 짧아요.
3) 창문에 ________________ 지 마세요. 위험해요.
4) 엄마가 아이를 꼭 ________________ 줘요.
5) 길이 미끄러우니까 제 팔을 ________________ 고 걸으세요.
6) 어깨가 아픈데 좀 ________________ 줄래?
7) 발을 ________________ (아/어서) 죄송합니다.
8) 얘들아, 방에서 ________________ 지 마!
9) 다리를 ________________ 고 앉아 있어요.

Gesicht 얼굴

3. 의미에 맞게 연결하십시오.
Verbinden Sie richtig miteinander.

1) 이마	a) Wange
2) 눈	b) Nase
3) 코	c) Lippen
4) 뺨/볼	d) Stirn
5) 입술	e) Augen
6) 머리(카락)	f) Ohren
7) 눈썹	g) Mund
8) 귀	h) Kinn
9) 입	i) Haare
10) 턱	j) Augenbrauen

4. 주어진 어휘 영역에 속하지 <u>않는</u> 것을 찾으십시오.
Welcher Ausdruck passt <u>nicht</u> in die Reihe?

1) 얼굴: 보조개 / 주름살 / 여드름 / 뾰루지 / 주근깨 / 발가락
2) 표정: 표정이 밝다 / 찡그리다 / 침을 뱉다 / 울상을 짓다 / 화난 얼굴을 하다
3) 입: 마시다 / 씹다 / 휘파람을 불다 / 하품을 하다 / 소리를 듣다
4) 코: 냄새를 맡다 / 쳐다보다 / 코가 막히다 / 콧물이 나다 / 코를 풀다
5) 귀: 소리가 들리다 / 딸꾹질하다 / 소리를 듣다 / 소리가 나다 / 귀가 잘 안 들리다
6) 눈: 맛을 보다 / 눈이 나쁘다 / 들여다보다 / 눈웃음을 치다 / 빤히 쳐다보다

5. 맞는 답을 찾아 빈칸을 채우십시오.
Füllen Sie die Lücke mit dem korrekten Ausdruck.

1) 천천히 큰 소리로 말해. 할아버지께서 ________________ 잘 못 들으셔.
a) 눈이 어두워서 b) 귀가 어두워서 c) 귀가 밝아서 d) 쳐다보셔서
2) 불 좀 켜 줄래요? 아무것도 ________________ .
a) 안 들려요 b) 안 보여요 c) 안 봐요 d) 안 풀어요 e) 안 맡아요
3) 사람들은 많이 피곤하거나 지루할 때 ________________ .
a) 하품을 한다 b) 웃는다 c) 운다 d) 코를 훌쩍인다
4) 우리는 1분에 12-15번 코나 입으로 숨을 ________________ 내뱉습니다.
a) 차고 b) 뛰고 c) 들이쉬고 d) 참고
5) 감기 때문에 계속 콧물이 ________________ .
a) 나요 b) 들려요 c) 빠져요 d) 맡아요
6) 목이 ________________ . 물 한 잔 주세요.
a) 뛰어요 b) 굴러요 c) 뒤집어요 d) 말라요
7) 목소리가 ________________ 잘 안 들려요. 좀 크게 말해 주세요.
a) 커서 b) 작아서 c) 눌러서 d) 집어서

6. 다음 단어를 알맞게 연결하십시오.
Verbinden Sie richtig miteinander.

1) 고개를	a) 끼다
2) 손톱을	b) 골다
3) 코를	c) 끄덕이다
4) 침을	d) 깨물다
5) 팔짱을	e) 빗다
6) 머리를	f) 뱉다

7. 다음 단어를 알맞게 연결하십시오.
Verbinden Sie richtig miteinander.

1)	혀를	a)	흘리다
2)	눈을	b)	뜨다
3)	코가	c)	내밀다
4)	다리를	d)	막히다
5)	이를	e)	닦다
6)	땀을	f)	떨다

8. 다음 문장에 알맞은 동사를 넣으십시오.
Vervollständigen Sie die Sätze mit den passenden Wörtern aus dem Wortspeicher.

웃다 • 깨물다 • 노크하다 • 가리키다 • 끄덕이다 • 악수하다 • 풀다 • 울다 • 비비다 • 젓다 • 구르다 • 가쁘다 • 움츠리다 • 갸웃거리다

1) 보통 우리는 슬프면 ______________고 기쁘면 ______________요.
2) 이해가 안 되면 사람들은 고개를 ______________요.
3) 긴장이 되면 손톱을 ______________요.
4) 너무 빨리 뛰어서 숨이 ______________요.
5) 추워서 다리를 동동 ______________고 두 손을 ______________고 있어요.
6) 제 방에 들어오실 때는 ______________ 주세요.
7) 독일에서는 인사를 할 때 ______________거나 살짝 껴안아요.
8) 손가락으로 사람들을 ______________지 마세요.
9) 밥을 먹으면서 코를 세게 ______________지 마세요.
10) 춥다고 어깨를 너무 ______________고 다니지 마세요.
11) 독일이나 한국에서는 고개를 ______________면 '예'라는 뜻이고, 고개를 ______________면 '아니요'라는 뜻입니다. 그런데 어떤 나라에서는 정반대를 의미합니다.

Innere Organe und Skelett 장기와 뼈

9. 의미에 맞게 연결하십시오.
Verbinden Sie richtig miteinander.

1) 그의 심장이 두근거려요.
2) 그의 심장이 멎었어요.
3) 몸에 소름이 돋았어요.
4) 피부가 잘 타요.
5) 털이 많이 났어요.

a) Ich werde leicht braun.
b) Ich habe Gänsehaut.
c) Sein Herz pocht.
d) Sein Herz stand still.
e) Ich bin stark behaart.

10. 괄호 안의 단어를 사용해 문장을 완성하십시오.
Vervollständigen Sie die Sätze mit den eingeklammerten Wörtern.

1) 긴장할 때 ________________을 많이 흘려요. (Schweiß)
2) 발목이 약해서 자주 ________________는 편이에요. (sich etw. verstauchen)
3) 요즘 음식을 먹고 나면 이상하게 ________________가 잘 안 돼요. (Verdauung)
4) 밤에 잘 때 다리 ________________이 자주 뭉쳐요. (Muskeln)
5) 음식을 잘못 먹어서 계속 ________________를 해요. (Durchfall)
6) ________________이 아파서 걸을 때 불편해요. (Knie)

11. 괄호 안의 단어를 사용해 대화를 완성하십시오.
Vervollständigen Sie den Dialog mit den eingeklammerten Wörtern.

가: 왜 다리에 ________________(Gips)를 하고 계세요?

나: 길을 가다가 넘어지면서 다리를 ________________는데 (sich etw. verstauchen) ________________(Bänder)가 끊어져서 수술을 해야 했어요.

가: ________________(Knochen)에는 문제가 없나요?

나: 다행히도 크게 다치지 않았어요.

가: 빨리 완쾌되길 빌어요.

Redewendungen mit Körperteilen
신체부위 관련 숙어

12. 다음 단어들을 사용해 문장을 완성하십시오.
Vervollständigen Sie die Sätze mit den passenden Wörtern aus dem Wortspeicher.

돌다 • 박다 • 좋다 • 짧다 • 가볍다 • 간지럽다 • 빠지다 • 얇다 • 거칠다 • 무겁다 • 넓다 • 아프다 • 깊다 • 크다 • 감다

1) 수미는 공부를 아주 잘해요. 배운 것을 아주 빨리 이해해요. 머리가 ________________ .
2) 가: 아빠, 어제 사장님께 직장을 그만두겠다고 했어요.
나: 뭐라고! 너 머리가 ________________ 구나. 요즘 일자리를 구하는 것이 얼마나 어려운데... 정신이 나갔니?
3) 수미가 이번에도 반에서 일등을 했어요. 그래서 반 학생들이 수미를 부러워해요. 수미를 싫어하는 몇몇 학생들은 수미가 일등한 것에 배가 ________________ .
4) 옆집 아주머니는 평소에 욕을 많이 하세요. 입이 좀 ________________ 것 같아요.
5) 제 동생은 음식을 많이 안 먹어요. 아주 조금만 먹어요. 그래서 항상 음식을 남겨요. 엄마는 제 동생이 입이 ________________ 고 해요.
6) 자기보다 남을 먼저 생각하고 배려하는 사람을 “속이 ________________ 사람”이라고 말합니다.
7) 가: 뭐라고, 학교 화장실에서 담배를 피웠어?
나: 너는 참 간도 ________________ . 선생님께 걸리면 어떻게 하려고 그런 짓을 해? 완전히 미쳤구나!
8) “온라인 학습 플랫폼” 프로젝트을 맡게 되어 어깨가 ________________ 지만 잘 해 보고 싶습니다.
9) 어제 드디어 모든 시험이 끝나서 어깨가 ________________ 졌어요.
10) 귀가 ________________ 사람은 이 말을 들으면 이 말이 옳고 저 말을 들으면 저 말이 옳다고 생각한다. 그래서 자신의 의견도 없고 스스로 결정을 내리지 못한다.
11) 갑자기 귀가 ________________ 때 한국 사람들은 남이 자기 이야기를 한다고 생각해요.
12) 옆집 아저씨는 동네에 아는 사람이 많아서 밖에 나가면 모든 사람과 인사를 나눈다. 발이 ________________ 사람인 것 같아요.
13) 어제 TV를 보면서 배꼽이 ________________ 게 웃었어요.

14) 남편이 저를 만난 것이 자기 인생에서 가장 큰 실수라고 했어요. 저와 결혼한 것을 후회한다고 했어요. 그가 한 말이 내 가슴에 못을 ______________.

15) 가족과 마지막 작별을 한 후 할아버지께서는 마침내 편히 눈을 ______________ 실 수 있었다.

Vokabelhilfe: 정신이 나가다 den Verstand verlieren, 스스로 결정을 내리다 eine Entscheidung selbst treffen

13. 다음 텍스트를 읽고 물음에 답하십시오.
Lesen Sie den Text und beantworten Sie die darauffolgenden Fragen.

사랑을 할 때 우리 몸의 변화

맛있는 음식을 먹거나 좋아하는 것을 보거나 마음에 드는 사람을 만날 때 우리 뇌에서는 도파민이라는 호르몬이 만들어져 기쁨을 느끼게 된다. 좋아하는 사람 앞에 서면 아드레날린이라는 호르몬이 만들어져 얼굴이 빨개지고 심장이 두근거리고 손바닥에 땀이 나며 긴장과 불안을 느끼기도 한다.

사랑에 빠지면 큰 행복을 느끼지만, 슬프거나 화가 나는 일이 생길 수도 있다. 사랑하는 사람이 보고 싶어서 잠을 못 자기도 하고, 사랑하는 사람과 싸운 뒤 화가 나서 잠을 못 자기도 한다. 그러나 잠을 잘 못 자면 다크서클이 생기고 식은 땀이 나는 등 부작용이 많다.

1) 도파민이라는 호르몬은 언제 만들어집니까?
2) 사랑을 할 때 아드레날린이라는 호르몬이 만들어지면 우리 몸은 어떻게 변합니까?
3) 잠을 잘 못 자면 우리 몸은 어떻게 변합니까?

3 Gefühle 감정

Freude und Trauer 기쁨과 슬픔
Mögen und Nicht-Mögen 좋고 싫음

1. 다음 단어들을 긍정적 감정과 부정적 감정으로 분류해 보십시오.
Ordnen Sie die folgenden Wörter in positive und negative Gefühle ein.

반갑다 • 좋아하다 • 행복하다 • 즐겁다 • 외롭다 • 자랑스럽다 • 싫어하다 • 우울하다 • 속상하다 • 미워하다 • 신나다 • 설레다 • 불쌍하다 • 슬프다 • 기쁘다 • 증오하다 • 사랑하다

긍정적 감정	부정적 감정

2. 의미에 맞게 연결하십시오.
Verbinden Sie richtig miteinander.

1) 마음에 들다
2) 미워하다
3) 귀찮다
4) 사랑이 식다
5) 괴롭다
6) 답답하다

a) lästig sein
b) Liebe nachlassen / abgekühlt sein
c) gefallen
d) bedrückt/betrübt sein
e) leidvoll sein
f) jdn. hassen / nicht leiden können

3. 의미가 다른 단어 쌍을 찾으십시오.
Finden Sie das Wortpaar mit unterschiedlicher Bedeutung.

1) 기쁘다 – 즐겁다
2) 불쌍하다 – 가엾다
3) 귀찮다 – 성가시다
4) 불행하다 – 행복하다

4. 맞는 답을 찾아 빈칸을 채우십시오.
Füllen Sie die Lücke mit dem korrekten Ausdruck.

1) 내일은 친구들과 함께 놀이공원에 갈 거예요. 그래서 ________________.
a) 화가 나요 b) 두려워요 c) 저주해요 d) 신나요
2) 지난주에 우리 할아버지께서 돌아가셨어요. 그래서 ________________.
a) 심심해요 b) 긴장돼요 c) 슬퍼요 d) 무서워요
3) 팀 씨가 시험을 잘 봐서 합격했어요. 그래서 팀 씨의 부모님이 ________________.
a) 자랑스러워해요 b) 노발대발해요 c) 짜증을 내요 d) 화나요
4) 요즘 남자 친구와 사소한 일로 자주 싸워요. 그래서 ________________.
a) 지루해요 b) 속상해요 c) 무서워요 d) 심심해요
5) 우리 딸이 드디어 직장을 구했어요. 그래서 ________________.
a) 속상해요 b) 행복해요 c) 겁나요 d) 짜증나요
6) 우리 아들이 수학 시험에서 또 일등을 했어요. 과외도 안 시켰는데. 정말 아들에게 고마울 뿐이에요. 우리 아들이 너무 ________________.
a) 떨려요 b) 자랑스러워요 c) 딱해요 d) 답답해요

Ärger und Wut 화와 분노
Nervosität und Angst 긴장과 두려움
Enttäuschung und Peinlichkeit 실망과 창피

5. 다음 상황에서 여러분의 기분이나 감정은 어떻습니까?
Wie würden Sie sich in den folgenden Situationen fühlen?

무서워요 • 짜증나요 • 창피해요 • 속상해요 • 자랑스러워요 • 초조하고 떨려요

1) 저녁에 혼자 산책을 하는데 누군가가 제 뒤를 따라오면 ________________.
2) 선물 받은 휴대폰을 잃어버리면 ________________.

3) 길에서 넘어졌을 때 사람들이 쳐다보면 ________________.
4) 시험 보기 전이나 많은 사람들 앞에서 발표를 할 때 ________________.
5) 날씨가 너무 더운데 버스에 사람이 많이 탈 때 ________________.

6. 다음 상황에서 여러분의 기분이나 감정은 어떻습니까?
Wie würden Sie sich in den folgenden Situationen fühlen?

질투를 해요 • 화가 나고 속상했어요 • 겁났어요 • 슬펐어요 • 자랑스러웠어요 • 행복해서 날아갈 것 같았어요

1) 대학교를 졸업하고 친한 친구들과 헤어졌을 때 ________________.
2) 어떤 남자가 칼을 휘둘렀을 때 너무 ________________.
3) 제 남자 친구는 제가 다른 남자아이들과 이야기 하면 ________________.
4) 아버지가 TV에서 강연을 하셨을 때 ________________.
5) 열심히 공부해서 하버드 대학교에 입학했을 때 ________________.

7. 의미가 다른 단어 쌍을 찾으십시오.
Finden Sie das Wortpaar mit unterschiedlicher Bedeutung.

1) 보고 싶다 – 그립다
2) 초조하다 – 불안하다
3) 기분이 안 좋다 – 기분이 언짢다
4) 기쁘다 – 슬프다

8. 다음 단어들을 사용해 문장을 완성하십시오. (아요/어요)
Vervollständigen Sie die Sätze mit den passenden Wörtern aus dem Wortspeicher. Achten Sie auf eine korrekte Form der Verben.

사랑하다 • 설레다 • 믿다 • 그립다 • 허전하다 • 자제력을 잃다 • 건드리다 • 반하다

1) 친구들을 오랫 동안 만나지 못 했어요. 그래서 친구들이 ________________.
2) 다음 주에 남자 친구와 둘이서 여행가기로 했어요. 그래서 벌써부터 가슴이 ________________.
3) 한스가 거짓말을 너무 잘해요. 그래서 그가 하는 말을 ________________ 수 없어요.
4) 수미 씨가 팀 씨를 보고 첫눈에 ________________ 것 같아요.
5) 아빠가 자주 화를 내요. 가끔 술을 많이 마시고 집에 오신 날에는 ________________고 물건을 던지기도 하세요.

6) 밖에서 아이들이 공놀이를 해요. 공을 벽에다 차면서 놀아요. 제 신경을 ______________고 있어요.

7) 자식들이 모두 커서 이제 집을 떠나서 큰 집이 텅 비었어요. 그래서 집에 돌아오면 아주 ______________.

9. 같은 어휘 영역에 속하지 않는 것을 찾으십시오.
Welcher Ausdruck passt nicht in die Reihe?

1) 흥분하다 / 부끄럽다 / 화나다 / 열받다 / 짜증이 나다
2) 두렵다 / 무섭다 / 놀라다 / 반갑다 / 겁이 나다
3) 즐겁다 / 실망하다 / 낙심하다 / 좌절하다 / 기가 죽다
4) 곤란하다 / 창피하다 / 만족하다 / 부끄럽다 / 당황하다
5) 신경질을 내다 / 짜증을 내다 / 겁을 내다 / 성을 내다

10. 다음 어휘를 사용해 문장을 완성하십시오. (아요/어요)
Vervollständigen Sie die Sätze mit den passenden Wörtern aus dem Wortspeicher. Achten Sie auf eine korrekte Form der Verben.

불만이 많다 (2x) • 싫어하다 • 좋다 • 웃다 • 짜증내다 • 실망스럽다

1) 수미는 시험에 합격해서 환하게 ______________고 있는데 민수 씨는 시험에 또 떨어져서 슬픈 표정을 짓고 있어요.
2) 수미 씨가 월급이 너무 적어서 ______________.
3) 아내는 남편을 좋아하는데 남편은 아내를 ______________.
4) 저는 눈이 많이 내려서 기분이 ______________데 사람들은 눈 때문에 차가 막혀서 ______________.
5) 그 사람이 그렇게 이기적일 줄 몰랐어요. 정말 ______________.
6) 수미는 직장에 아주 만족하는데 사라는 지금 다니는 직장에 ______________.

11. 맞는 답을 찾아 표시하십시오.
Kreuzen Sie die richtige Antwort an.

1) 시험 공부를 열심히 하는데도 시험에 계속 떨어졌을 때 느끼는 마음은?
☐ a) 자신감 ☐ b) 좌절감 ☐ c) 용기 ☐ d) 즐거움

2) „사랑한다"의 반대말로 누군가를 미워하는 마음은?
☐ a) 증오하다 ☐ b) 오만하다 ☐ c) 상냥하다 ☐ d) 가엾다

3) 용기가 없어서 어떤 일을 하는 것을 두려워하는 마음은?
☐ a) 밉다 ☐ b) 겁나다 ☐ c) 짜증나다 ☐ d) 황당하다

4) 마음이 아프고 안쓰럽고 불쌍하게 느끼는 마음은?
☐ a) 가엾다 ☐ b) 즐겁다 ☐ c) 부끄럽다 ☐ d) 창피하다

5) 어떤 자극을 받아 감정이 격해지는 마음은?
☐ a) 기쁘다 ☐ b) 초조하다 ☐ c) 흥분하다 ☐ d) 착하다

6) 마음이 불안하고 조마조마한 마음은?
☐ a) 부끄럽다 ☐ b) 흥분하다 ☐ c) 낙심하다 ☐ d) 초조하다

12. 다음 텍스트를 읽고 물음에 답하십시오.
Lesen Sie den Text und beantworten Sie die darauffolgenden Fragen.

섬 사람들

겨울이 되면 여기 바닷가 근처에 사는 섬 사람들은 외롭고 쓸쓸해 보입니다. 날도 빨리 어두워지고 비바람도 세게 몰아쳐서 사람들은 일을 마치고 모두 집에 빨리 들어갑니다. 그래서 사람들을 만날 기회가 거의 없습니다. 어쩌다 장을 볼 때 사람들을 만나면 웃지도 않고 반갑게 인사도 하지 않습니다. 왠지 불만이나 걱정이 많은 얼굴을 하고 있습니다.

행복해 보이지도 않고 어딘지 불만족스러운 삶을 사는 섬 사람들을 볼 때다다 내 고향 친구들과 함께 했던 즐겁고 행복한 시간이 그립습니다.

1) 겨울이 되면 섬 사람들은 기분이 어떻습니까?
2) 섬 사람들은 왜 집에 빨리 들어갑니까?
3) 섬 사람들은 겨울이 되면 어떤 얼굴 표정을 짓고 있습니까?
4) 저자는 무엇을 그리워 합니까?

4 Menschliche Beziehungen 인간 관계

Familie und Verwandtschaft 가족과 친인척

1. 다음 단어들의 반대말을 적어 보십시오.
Schreiben Sie die Antonyme der folgenden Wörter auf.

1) 할머니 ↔ ______________
2) 외동딸 ↔ ______________
3) 손자 ↔ ______________
4) 어머니 ↔ ______________
5) 장녀 ↔ ______________

2. 괄호 안의 단어를 사용해 대화를 완성하십시오.
Vervollständigen Sie den Dialog mit den eingeklammerten Wörtern.

A: 올 추석 명절에 우리 ____________과 ____________이 놀러올 거예요. (Tochter, Söhne)

B: 할머니, ____________가 몇 명이에요? (Kinder)

A: ____________이 둘, ____________이 하나예요. (zwei Söhne, eine Tochter) ____________과 ____________ 은 모두 서울에 살고 ____________만 부산에서 살아요. (ältester Sohn, zweiter Sohn, Tochter)

B: ____________는 없으세요? (Enkelkinder)

A: ____________는 없고 ____________가 하나 있어요. (Enkelsohn, Enkeltochter)

B: 예, 그렇군요. 할머니, ____________과 함께 즐거운 추석 보내세요. (Familie) 올 추석 명절에 우리 아들과 딸이 놀러올 거예요.

3. 비슷한 의미를 가진 단어 쌍을 찾으십시오.
Finden Sie das Wortpaar mit ähnlicher Bedeutung.

1) 장녀 – 큰딸
2) 외동딸 – 입양아
3) 막내아들 – 장남
4) 소녀 – 손자

Vorstellung der Familie und der Geschwister 가족과 형제 소개

4. 괄호 안의 단어를 사용해서 대화를 완성하십시오.
Vervollständigen Sie den Dialog mit den eingeklammerten Wörtern.

A: 유리 씨는 지금 누구와 함께 살아요?
B: 저는 ____________과 함께 삽니다. (Eltern)
A: 유리 씨는 ____________가 있어요? (Geschwister)
B: 예, ____________가 두 명, ____________가 한 명 있어요. (zwei ältere Brüder und eine ältere Schwester)
A: 동생은 없어요?
B: 없어요. 제가 ____________예요. (die Jüngste)

Ehe- und Partnerbeziehung 부부와 파트너

5. 맞는 답을 찾아 빈칸을 채우십시오.
Füllen Sie die Lücke mit dem korrekten Ausdruck.

1) 방금 결혼했거나 결혼한 지 얼마 안 되는 부부를 ____________라고 합니다.
a) 주말부부 b) 신혼부부 c) 동성부부 d) 이혼부부
2) 여자가 결혼해서 남의 아내가 되는 것을 ____________라고 합니다.
a) 장가가다 b) 청혼하다 c) 시집가다 d) 임신하다
3) 아내가 있는 남자를 ____________이라고 부릅니다.
a) 전부인 b) 유부남 c) 홀아비 d) 친척
4) 결혼하기로 공식적으로 약속한 여자를 ____________라고 부릅니다.
a) 약혼녀 b) 아내 c) 친척 d) 조부모

5) 부부가 되기 위해서 올리는 예식을 ________________이라고 합니다.
☐ a) 약혼식 ☐ b) 결혼식 ☐ c) 장례식 ☐ d) 금혼식

6) 결혼한 남편과 아내를 합쳐서 ________________라고 부릅니다.
☐ a) 형제 ☐ b) 부부 ☐ c) 자녀 ☐ d) 시부모

7) 결혼을 하고 또 다시 다른 사람과 결혼하는 것을 ________________이라고 합니다.
☐ a) 별거 ☐ b) 작별 ☐ c) 이혼 ☐ d) 재혼

6. 맞는 답을 찾아 표시하십시오.
Kreuzen Sie die richtige Antwort an.

1) 사람이 죽고 나면 무엇을 치릅니까?.
☐ a) 금혼식 ☐ b) 결혼식 ☐ c) 장례식 ☐ d) 약혼식

2) 남편이 죽고 혼자 사는 아내를 어떻게 부릅니까?
☐ a) 홀어미 ☐ b) 신랑 ☐ c) 전부인 ☐ d) 과부

3) 아내가 죽고 혼자 사는 남편을 어떻게 부릅니까?
☐ a) 약혼자 ☐ b) 홀아비 ☐ c) 장남 ☐ d) 손자

4) 결혼하지 않고 혼자 사는 사람을 어떻게 부릅니까?
☐ a) 홀어미 ☐ b) 독신 ☐ c) 유부남 ☐ d) 손자

5) 부부와 미혼 자녀로만 구성된 가족을 무엇이라고 합니까?
☐ a) 대가족 ☐ b) 가족 모임 ☐ c) 핵가족 ☐ d) 결손가정

6) 여자가 여자를, 남자가 남자를 사랑하는 것을 무엇이라고 합니까?
☐ a) 동성연애 ☐ b) 결손가정 ☐ c) 홀어미 ☐ d) 홀어미

7) 부부가 혼인 관계를 법적으로 취소하는 것을 어떻게 부릅니까?
☐ a) 별거하다 ☐ b) 헤어지다 ☐ c) 이혼하다 ☐ d) 재혼하다

Vokabelhilfe: 법적으로 gesetzlich, 취소하다 annullieren

7. 다음 단어를 알맞게 연결하십시오.
Verbinden Sie richtig miteinander.

1) 유산을	a) 돌아가시다
2) 아이를	b) 물려주다
3) 부모를	c) 낳다
4) 가정을	d) 모시다
5) 할아버지께서	e) 이루다

8. 같은 어휘 영역에 속하지 않는 것을 찾으십시오.
   Welcher Ausdruck passt nicht in die Reihe?

   1) 결혼하다 / 혼인하다 / 시집가다 / 사별하다 / 장가가다
   2) 오빠 / 언니 / 형 / 누나 / 아줌마 / 형제
   3) 아버지 / 어머니 / 아는 사람 / 아들 / 딸 / 가족
   4) 아내 / 처 / 부인 / 와이프 / 집사람 / 홀아비 / 안사람

9. 비슷한 의미를 가진 단어 쌍을 찾으십시오.
   Finden Sie das Wortpaar mit ähnlicher Bedeutung.

   1) 약혼하다 – 파혼하다
   2) 이혼하다 – 결혼하다
   3) 아내 – 처
   4) 신랑 – 신부

10. 반대말로 이루어진 단어 쌍 두 개를 찾으십시오.
    Finden Sie die zwei Wortpaare mit gegensätzlicher Bedeutung.

    1) 반려자 – 동반자
    2) 임신하다 – 아이를 가지다
    3) 결혼하다 – 혼인하다
    4) 장인 – 장모
    5) 가족을 돌보다 – 가족을 보살피다
    6) 싸우다 – 화해하다

Schwiegereltern und Schwiegersohn/-tochter
시부모, 사위와 며느리

11. 같은 어휘 영역에 속하지 않는 것을 찾으십시오.
    Welcher Ausdruck passt nicht in die Reihe?

    1) 사촌 / 조카 / 친척 / 고모 / 이모 / 삼촌 / 후배
    2) 장인 / 장모 / 사위 / 며느리 / 지인 / 시어머니
    3) 시부모 / 시아버지 / 시아버님 / 큰아버지 / 시어머니

12. 다음 문장에 알맞은 호칭/친척명을 쓰십시오.
Setzen Sie die passenden Verwandtschaftstitel ein.

1) 남편의 아버지를 ______________, 남편의 어머니를 ______________라고 합니다.
2) 사위가 아내의 어머니를 ______________이라고 부릅니다.
3) 형제자매의 자식들을 ______________라고 부릅니다.
4) 결혼하지 않은 아버지의 남자 형제를 ______________이라고 부릅니다.
5) 아버지의 여자 형제를 ______________, 어머니의 여자 형제를 ______________라고 부릅니다.
6) 고모의 남편을 ______________, 이모의 남편을 ______________라고 부릅니다.

Freunde und Bekannte 친구와 지인

13. 의미가 다른 단어 쌍을 찾으십시오.
Finden Sie das Wortpaar mit unterschiedlicher Bedeutung.

1) 나이가 같다 – 동갑이다
2) 신뢰하다 – 믿다
3) 사교적이다 – 붙임성이 없다
4) 사람을 속이다 – 사람을 배신하다

14. 각 단어를 한국어로 번역한 뒤 괄호 안 음절을 조합해 키워드를 찾아 보십시오.
Übersetzen Sie die folgenden Wörter und finden Sie die richtige Lösung.

1) Mutter
2) Großvater
3) Zwillinge
4) Wetter

Lösung:

15. 다음 단어를 알맞게 연결하십시오.
Verbinden Sie richtig miteinander.

1) 우정을 | a) 배려하다
2) 바람을 | b) 맺다
3) 존경을 | c) 피우다
4) 남을 | d) 통하다
5) 마음이 | e) 받다

16. 다음 텍스트를 읽고 내용이 맞는지 틀리는지 대답하십시오.
Lesen Sie den folgenden Text und entscheiden Sie, ob die darauffolgenden Aussagen richtig oder falsch sind.

사라의 결혼생활

제 친구 사라가 민수와 결혼했어요. 두 사람은 ABC회사에서 직장 동료로 만나 3년 동안 연애를 하면서 서로 사랑하게 되었어요. 민수가 어느 날 사라에게 청혼을 했고 사라는 그의 청혼을 받아들이면서 결혼을 하게 되었어요. 회사에서 그 둘은 서로 마음이 잘 통했고 천생연분으로 알려졌어요. 결혼식에 회사 동료인 동진, 지석, 민호, 민지도 왔고 부모님들, 친척분들도 오셔서 두 사람의 결혼을 진심으로 축복해 줬어요. 신랑은 왕자 같이 멋있었고 신부는 공주처럼 예뻤어요. 결혼식이 끝나자마자 둘은 스위스로 멋진 신혼 여행을 떠났어요.

결혼한 지 1년 후에 사라가 아이를 가졌어요.남자아이라고 했어요. 조만간 사라는 엄마, 민수는 아빠가 된다고 했어요. 그들이 행복한 가정을 꾸리게 되어서 아주 기뻤어요.

하지만 결혼은 성공적이지 않았어요. 결혼한 지 3년이 되었을 때 사라와 민수는 자주 다퉜어요. 사라는 민수가 자신을 속이고 바람을 피운 것을 알게 되었어요. 결국 사라는 민수를 더 이상 신뢰할 수 없어서 이혼했어요. 하지만 사라와 민수는 서로 계속 연락을 주고 받았어요. 그 둘 사이에 아들이 있었기 때문에 한 달에 한번 만나 아들 문제에 대해 이야기했어요.

사라는 민수와 헤어지고 난 후 1년이 지나 직장 동료 동진 씨와 교제를 하기 시작했어요. 그리고 5년이 지난 지금, 사라는 재혼을 했고 예쁜 딸을 낳았어요.

1) 사라는 민수와 3년 동안 사귀었다. richtig | falsch
2) 사라와 민수는 결혼하기 전에 서로 궁합이 잘 맞았다. richtig | falsch
3) 사라는 민수의 딸을 임신했다. richtig | falsch
4) 사라와 민수는 결혼해서 행복하게 살고 있다. richtig | falsch
5) 사라가 바람을 피워서 민수가 사라를 떠났다. richtig | falsch
6) 민수와 사라는 아들 때문에 서로 원수지간이 되었다. richtig | falsch
7) 사라는 재혼을 했고 예쁜 딸을 고대하고 있다. richtig | falsch

17. 알맞은 어휘를 찾아 다음 텍스트를 완성하십시오.
Vervollständigen Sie den Text mit den passenden Wörtern aus dem Wortspeicher.

보살피다 • 사별하다 • 돌아가시다 • 재혼하다 • 잘해주다 • 화목하다 •
마음이 잘 맞다 • 새어머니 (2x)

수미의 어머니는 일찍 ________________다. 그래서 수미 아버지는 아내와 ________________고 다른 사람과 ________________다. 아버지가 새로 아내를 맞이해서 지금 수미에게 ________________가 생겼다. 다행히 ________________는 딸 수미를 정성으로 ________________고 항상 수미에게 ________________다. 아버지와 어머니는 서로 ________________(아/어서) ________________ 가정을 꾸렸다.

18. 가로세로 낱말 퀴즈
Vervollständigen Sie das Kreuzworträtsel.

가로

1 Tochter
5 Cousin/Cousine
6 Bräutigam
7 Familienmitglied
8 Drei Generationen
9 Anrede unter Eheleuten
12 Familie
14 Glück
15 betrügen

세로

2 Onkel
3 Hochzeit
4 Freundschaft
5 Liebe
6 Hochzeitsreise
10 Rache
11 Großfamilie
13 Zwillinge

5 Sprachliche Routinesituationen
일상 생활 표현

Begrüßung und Verabschiedung
인사와 작별 인사

1. 알맞은 표현을 찾아서 다음 대화를 완성하십시오.
Vervollständigen Sie die Dialoge mit den richtigen Ausdrücken aus dem Wortspeicher.

안녕, 잘 지내? • 안녕히 가세요. • 안녕히 계세요. • 잘 가. • 잘 있어. •
좋은 저녁 되세요. • 수고해줘요. • 내일 봐요. • 안녕하세요. • 좋은 아침! •
모두에게 안부 좀 전해. • 조심히 들어가세요. • 부모님은 어떻게 지내셔? •
건강하시니? • 안녕히 주무세요. • 잘 자! • 응, 너는?

1) 유미가 은행에 가다가 우연히 친구 사라를 만났습니다. 그 둘은 어떻게 인사를 할까요?
유미: ______________________
사라: ______________________

2) 유미는 사라에게 부모님의 안부를 묻습니다. 어떻게 안부를 물을까요?
____

3) 사라는 유미에게 자신의 안부를 가족들에게 전해달라고 부탁합니다. 어떻게 인사합니까? ______________________

4) 유미와 사라는 이제 작별 인사를 하려고 합니다. 어떻게 인사를 할까요?
유미: ______________________
사라: ______________________

5) 유미는 삼성에 신입사원입니다. 아침에 회사에 출근해서 과장님께 고개를 숙이며 인사를 합니다. 어떻게 인사할까요?
____

6) 팀장님이 회사에 출근하시면서 직원들에게 모두 ______________________ 이라고 가볍게 인사하셨어요.

7) 과장님은 약속이 있어서 먼저 일찍 퇴근을 하려고 하십니다. 퇴근하기 전에 직원들에게 ______________________ 라고 인사를 했고 여직원들은 ______________________ 라고 답례 인사를 했습니다.

8) 이제 자러 갈 시간이 되었어요. 할아버지께서 침실로 들어가시면서 손자에게 ______________________________ 라고 하셨어요.

손자도 할아버지께 ______________________________ 라고 밤인사를 했습니다.

2. 다음 대화를 읽고 알맞은 표현을 고르십시오.
Lesen Sie die Dialoge und wählen Sie den jeweils passenden Ausdruck.

1) A: 참, 지영 씨, 내일 규림 씨 결혼식에 갈 거예요?
B: 네! 갈 거예요. 예지 씨는요?
A: 저도 가고 싶은데 입고 갈 옷이 없어요. 백화점에 가서 옷을 사려고 해요.
B: 오늘 일찍 퇴근하고 저랑 현대 백화점에 같이 갈래요? 저는 30분 후에 퇴근하려고 하는데... .
A: 오늘 일찍 퇴근하기 힘들 것 같아요. 할 일이 많거든요.
B: 아 네... 그럼 오늘은 저 혼자 쇼핑해야겠네요. 내일 봐요. 수고해요.
A: 네, (어서 오세요. / 맛있게 드세요. /쇼핑 잘 하세요. / 죄송합니다).

2) A: 로운 씨, 2년 만에 뵙네요! (그 동안 어떻게 지냈어요? / 맛집 추천해 주시겠어요? / 지난주에 본 영화 재미있었어요? / 잘 잤어요?)
B: 덕분에 잘 지냈어요. 민교 씨가 추천해 준 회사가 아주 마음에 들어요!
A: 아, 그래요. 다행이에요. 일은 어렵지 않아요?
B: 일은 많지만 재미있어요. 참, 저 지난주에 팀장으로 승진했어요.
A: 어머! (생일 진심으로 축하해요! / 승진 진심으로 축하해요! / 결혼 진심으로 축하해요! / 입학 축하해요!)
B: 고마워요. 그래서 민교 씨에게 한턱 내고 싶어요. 오늘 시간 있으면 저녁 같이 먹어요. 제가 살게요.
A: 그래요. 우리 승진 축하 기념으로 같이 저녁 식사해요.

Sich vorstellen 소개하기

3. 다음 표현들을 사용해 자유롭게 자기 소개를 하십시오.
Stellen Sie sich mithilfe der Ausdrücke im Kasten vor.

...사람입니다. /...에서 왔습니다. • ...삽니다. • 제 나이는 ...살입니다. • 안녕하세요? • 제 이름은...입니다. • 제 고향은...입니다. • 저는...좋아합니다. • 만나서 반갑습니다. • 제 소개를 하겠습니다. • ...에서 일합니다/ 제 직업은...입니다.

4. 다음 사람들을 소개하십시오.
Stellen Sie mithilfe der angegeben Wörter die folgenden Personen vor.

1) 김민수 (25, 한국, 대학원생, 서울, 농구)

2) 하인츠 막스 (18, 독일, 학생, 쾰른, 축구)

Sich bedanken und sich entschuldigen
감사와 사과 표현

5. 다음 단어들을 사용해 독일어 번역에 알맞은 문장을 만드십시오.
Bilden Sie aus den folgenden Satzteilen sinnvolle Sätze.

시간을	미안합니다	늦어서
감사합니다	내	와 줘서
연락이	방해해서	미안합니다
도와 주셔서	주셔서	늦어서
미안합니다	감사합니다	감사합니다

1) Ich danke Ihnen für Ihre Hilfe.

.

2) Vielen Dank für Ihre Zeit.

.

3) Entschuldigung für die Verspätung.

.

4) Es tut mir leid, dass ich mich so spät melde.

______________________________.

5) Entschuldigung für die Störung

______________________________.

6) Danke fürs Kommen.

______________________________.

Festtage, Festtagswünsche und Glückwünsche
명절과 명절 인사, 축사

6. 글자판을 이용해 다음 단어들을 찾으십시오.
Bilden Sie aus dem Silbenraster die gesuchten Begriffe.

생	공	약	절
명	졸	일	입
결	학	업	일
휴	혼	일	혼

Geburtstag – ______________
Feiertag – ______________
Festtag – ______________
Einschulung – ______________
Hochzeit – ______________
Verlobung – ______________
Abschlussfeier – ______________

7. 단어의 뜻에 맞게 빈 칸을 채우십시오.
Vervollständigen Sie die Tabelle.

	새해
Erntedankfest	
Weihnachten	
	부활절
	어버이날
Kindertag (5. Mai)	
Lehrertag (15. Mai)	
	돌잔치

8. 맞는 답을 찾아 빈칸을 채우십시오.
Füllen Sie die Lücke mit dem korrekten Ausdruck.

1) ________________는 아이의 한 살 생일을 축하하는 한국의 풍습이다.
a) 백일 잔치 b) 칠순잔치 c) 돌잔치 d) 팔순 잔치 e) 환갑잔치

2) 한국에서 예전에는 60세가 되면 장수를 축하하기 위해 ________________ 잔치를 벌였다.
a) 환갑 b) 추석 c) 연하장 d) 칠순 e) 가족 잔치

3) 5월 8일은 ________________로 낳아주시고 길러 주신 부모님께 사랑과 감사의 인사를 드린다.
a) 스승의 날 b) 부처님 오신 날 c) 어버이날 d) 어린이날 e) 제자의 날

4) 5월 15일은 ________________로 선생님의 가르침에 감사와 존경을 표한다.
a) 제자의 날 b) 사과의 날 c) 스승의 날 d) 고양이의 날 e) 반려동물의 날

5) ________________은 십자가에 못박혀 사망한 예수가 사흘 만에 다시 살아난 것을 기념하는 날이다.
a) 제사 b) 부활절 c) 출산 d) 추석 e) 성탄절

6) 음력 4월 8일은 ________________로 불교에서 석가모니가 탄생한 것을 기념하는 날이다.
a) 석가탄신일 b) 부활절 c) 성탄절 d) 추석 e) 크리스마스

7) 음력 8월 15일은 ________________으로 온 가족이 함께 모여 송편과 햇과일을 먹고 즐기는 한국의 주요 명절이다.
a) 새해 b) 입학 c) 추석 d) 어버이날 e) 설날

Vokabelhilfe: 십자가에 못 박힌 예수 gekreuzigter Jesus

9. 다음을 읽고 알맞은 인사를 골라 쓰십시오.
Vervollständigen Sie die Sätze mit den richtigen Ausdrücken aus dem Wortspeicher.

결혼 축하합니다! • 생일 축하합니다! • 새해 복 많이 받으세요! • 메리 크리스마스!

1) 오늘은 12월 24일입니다. 전날에 주문한 빵과 고기를 찾으러 나가서 만나는 사람들에게 반갑게
________________________라고 인사를 했습니다.

2) 2023년 새해가 밝았습니다. 손자 손녀들은 할아버지와 할머니께 새해 인사를 하려고 왔습니다. 할아버지와 할머니께
________________________라고 하면서 세배를 하고 세뱃돈을 받습니다.

3) 오늘은 독일에서 온 동료 한스가 28세 생일을 맞이했어요. 그래서 회사 동료들은 모두 ________________________라고 말하고 축하 노래를 함께 불렀어요.

4) 여러분은 오늘 동료의 결혼식에 초대를 받았습니다. 결혼식을 마친 동료에게 ________________________라고 인사를 했습니다.

10. 다음 단어를 알맞게 연결하십시오.
Verbinden Sie die drei Spalten miteinander.

1) Geburtstag feiern	약혼을	이루다
2) eine Beerdigung abhalten	결혼식을	하다
3) sich verloben	생일 파티를	취소하다
4) Hochzeit absagen	소원을	하다
5) Wünsche in Erfüllung gehen	장례식을	치르다

Bitte und Vorschlag, Erlaubnis und Verbot
부탁과 제안, 허락과 금지

11. 다음 단어를 알맞게 연결하십시오.
Verbinden Sie richtig miteinander.

1) 흡연을	a) 설득하다
2) 제안을	b) 삼가다
3) 친구를	c) 거절하다
4) 독서를	d) 동의하다
5) 의견에	e) 권장하다

12. 의미가 다른 단어 쌍 두 개를 찾으십시오.
Finden Sie die zwei Wortpaare unterschiedlicher Bedeutung.

1) 요청하다 – 부탁하다
2) 찬성하다 – 반대하다
3) 동의하다 – 찬성하다
4) 수락하다 – 거절하다
5) 권장하다 – 권하다
6) 제안하다 – 제의하다

Sich beschweren, Streit und Beleidigung 불평, 다툼과 모욕

13. 괄호 안의 단어를 사용해 문장을 완성하십시오.
Vervollständigen Sie die Sätze mit den eingeklammerten Wörtern.

1) 반 친구한테서 ______________ 을 당해서 학교에 가기 싫어요. (Mobbing)
2) 남자친구와 싸우고 나서 바로 ______________ 했어요. (sich versöhnen)
3) 동생이 엄마한테 내가 담배를 피운다고 ______________ 했어요. (verpetzen)
4) 내가 거짓말을 하니까 엄마가 ______________ . (rügen)
5) 내가 아빠의 소중한 시계를 고장냈지만 아빠는 ______________ . (vergeben)
6) 깡패가 길거리에서 나에게 ______________ 지만 나는 그냥 지나갔어요. (provozieren)
7) 손흥민이 결정적인 순간에 골을 넣지 못하자 관중들이 ______________ 를 보냈어요. (verspotten)

14. 같은 어휘 영역에 속하지 않는 것을 찾으십시오.
Welcher Ausdruck passt nicht in die Reihe?

1) 불평하다 / 푸념하다 / 투덜대다 / 만족하다 / 불만이 많다
2) 욕하다 / 헐뜯다 / 흉보다 / 놀리다 / 못살게 굴다 / 친하다
3) 꾸짖다 / 혼내다 / 야단치다 / 양보하다 / 나무라다
4) 비웃다 / 화해하다 / 조롱하다 / 약올리다 / 놀리다

Meinungsäußerung 의사 표시

15. 다음은 글자 순서가 뒤바뀐 단어들입니다. 올바른 순서로 고치십시오.
Bringen Sie die Silben der folgenden Wörter wieder in die richtige Reihenfolge.

1) 부다정하	부정하다	5) 추하다측	
2) 하침다묵		6) 하장다주	
3) 다찬하성		7) 다하의동	
4) 하고다집		8) 다대반하	

16. 단어의 뜻에 맞게 빈 칸을 채우십시오.
Vervollständigen Sie die Tabelle.

	sich einmischen
면담하다	
	trotzen
강조하다	
	sich beraten
논의하다	
	debattieren
의논하다	
	protestieren

6 Gesundheit und Krankheit
건강과 질병

Gesundheit und Krankheit 건강과 질병

1. 빈칸을 채우십시오.
Vervollständigen Sie die Abbildung.

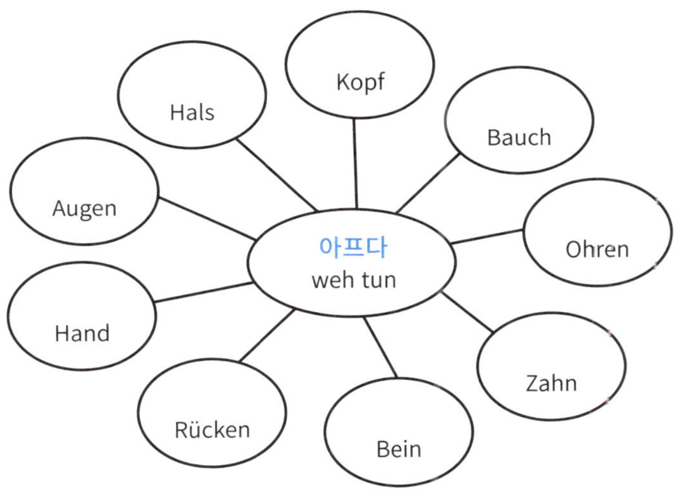

2. 괄호 안의 단어를 사용해 대화를 완성하십시오.
Vervollständigen Sie die Dialoge mit den eingeklammerten Wörtern.

1) A: 어디가 아파요?
B: 아침부터 ________________가 아파요. (Kopf)
A: ________________을 먹었어요? (Tablette/Medikament)
B: 아니요, 아직 안 먹었어요. 혹시 ________________이 있어요?
(Tablette gegen Kopfschmerzen)
A: 아니요, 그런데 ________________은 있어요. (Aspirin) 드릴까요?
B: 예, 좀 주세요. 감사합니다.

2) A: 안녕하세요. 어디가 아프세요?
B: ________________을 하고 ________________이 많이 나요.
(Husten, Fieber)

C: ______________가 아프고 ______________가 잘 안돼요.
(Bauch, Verdauung)

D: ______________가 시리고 ______________에서 피가 나요.
(Zahn, Zahnfleisch)

E: ______________이 아프고 ______________이 나요.
(Augen, Träne)

3. 맞는 답을 찾아 표시하십시오.
Kreuzen Sie die richtige Antwort an.

1) 몸이 많이 아플 때 약을 사러 어디에 갑니까?
☐ a) 약국 ☐ b) 미용실 ☐ c) 안경점 ☐ d) 동물 병원

2) 환자를 치료하고 수술하는 곳은?
☐ a) 사무실 ☐ b) 교장실 ☐ c) 화장실 ☐ d) 수술실

3) 담배를 너무 많이 피우면 걸릴 수 있는 병은?
☐ a) 눈병 ☐ b) 폐암 ☐ c) 독감 ☐ d) 당뇨

4) 아픈 사람에게 약을 처방해 주는 사람은?
☐ a) 약사 ☐ b) 간호사 ☐ c) 마취사 ☐ d) 의사

5) 치료할 수 없는 병을 무엇이라고 부릅니까?
☐ a) 불치병 ☐ b) 꾀병 ☐ c) 간병 ☐ d) 질병

6) 환자를 돌보고 혈압을 재는 사람은?
☐ a) 교사 ☐ b) 간호사 ☐ c) 요리사 ☐ d) 상사

7) 이를 뽑으려면 어디에 갑니까?
☐ a) 안과 ☐ b) 피부과 ☐ c) 치과 ☐ d) 응급실

4. 다음 증상이 나타나면 어디로 가야 합니까?
Zu welchem Facharzt muss man bei den folgenden Symptomen gehen?

치과 • 이비인후과 • 응급실 • 안과 • 피부과 • 내과 • 소아과 • 산부인과

증상	병원
귀에서 소리가 난다	
심장마비로 쓰러진다	
속이 쓰리고 위가 아프다	
이가 흔들린다	
생리통이 심하다	

글씨가 잘 안 보인다	
얼굴에 여드름이 많이 난다	
아기에게 예방주사를 맞힌다	

5. 상처와 증상 그리고 치료 방법을 연결하십시오.
Verbinden Sie die drei Spalten miteinander.

1) 칼에 손을 베었어요.	a) 걸을 수가 없어요.	i) 반창고를 붙이세요.
2) 문에 머리를 부딪쳤어요.	b) 머리에 멍이 들었어요.	ii) 얼음으로 마사지 하세요.
3) 축구를 하다가 발목을 삐끗했어요.	c) 피가 나요.	iii) 목발이 필요할 것 같아요.
4) 뜨거운 물에 손을 데었어요.	d) 화상을 입었어요.	iv) 화상 연고를 바르세요.
5) 자전거에서 떨어져서 팔이 부러졌어요.	e) 한쪽 팔을 움직일 수가 없어요.	v) 팔붕대를 해야 해요.

6. 괄호 안의 단어를 사용해 대화를 완성하십시오.
Vervollständigen Sie den Dialog mit den eingeklammerten Wörtern.

가: 얼굴이 안 좋아 보이세요.

나: 어제 저녁부터 ________________이 아파요. (Hals)

가: 얼굴이 빨개요.

나: 예, ________________이 좀 있어요. (Fieber) ________________인 것 같아요. (Erkältung)

가: 코로나 테스트를 해 봤어요?

나: 예, 코로나는 아닌 걸로 나왔어요.

가: 약을 드셨어요?

나: 목감기약은 먹었는데 집에 ________________가 없어서 ________________에 가는 길이에요. (Fiebermittel, Apotheke)

가: 오늘 푹 쉬시고 빨리 회복하세요.

7. 다음 단어를 알맞게 연결하십시오.
Verbinden Sie richtig miteinander.

1) 피가 a) 입다
2) 목발을 b) 짚다
3) 속이 c) 메스껍다
4) 치료를 d) 나다
5) 화상을 e) 가렵다
6) 몸이 f) 받다

8. 괄호 안의 단어를 사용해 대화를 완성하십시오.
Vervollständigen Sie den Dialog mit den eingeklammerten Wörtern.

가: 오늘 몸이 ________________ (nicht wohl fühlen). ________________ (Erbrechen)가 심해요. 배도 많이 아프고 계속 ________________ (Durchfall)를 해요. 아무래도 ________________ (Lebensmittelvergiftung)인 것 같아요.

나: 어제 저녁에 뭐 드셨어요?

가: 식당에서 짜장면을 먹었어요.

나: 아이구... 이런... 일단 물을 많이 마시고 빨리 ________________ (Krankenhaus)에 가 보세요.

9. 다음 단어를 알맞게 연결하십시오.
Verbinden Sie richtig miteinander.

1) 목이 a) 삐다
2) 눈이 b) 들다
3) 발목을 c) 붓다
4) 몸살이 d) 멀다
5) 팔에 멍이 e) 베이다
6) 칼에 f) 나다

10. 의미에 맞게 연결하십시오.
Verbinden Sie richtig miteinander.

1) 감기에 걸리다
2) 현기증이 나다
3) 열이 나다
4) 기침이 나다
5) 두통이 있다

a) Schwindel haben
b) Fieber haben
c) Kopfschmerzen haben
d) erkältet sein
e) husten

11. 같은 어휘 영역에 속하지 않는 것을 찾으십시오.
Welcher Ausdruck passt nicht in die Reihe?

1) 주사 / 간호사 / 의사 / 환자 / 간병인 / 병원장
2) 약국 / 물약 / 약사 / 치약 / 아스피린 / 감기약
3) 병원 / 수술실 / 입원실 / 응급실 / 화장실 / 진료실
4) 전염병 / 코로나 바이러스 / 꾀병 / 감염되다
5) 감기에 걸리다 / 기침하다 / 몸살이 나다 / 화상을 입다 / 콧물이 나다

12. 의미가 다른 단어 쌍 두 개를 찾으십시오.
Finden Sie die zwei Wortpaare unterschiedlicher Bedeutung.

1) 약을 짓다 – 약을 사다
2) 퇴원하다 – 입원하다
3) 약을 먹다 – 약을 복용하다
4) 약효가 없다 – 약이 잘 듣다
5) 병이 낫다 – 병이 회복되다
6) 병문안 가다 – 문병가다

13. 다음 단어들의 반대말을 적어 보십시오.
Schreiben Sie die Antonyme der folgenden Wörter auf.

1) 주사를 놓다 ↔ ____________
2) 입원하다 ↔ ____________
3) 약이 순하다 ↔ ____________
4) 의사 ↔ ____________
5) 수술하다 ↔ ____________
6) 약이 안 듣다 ↔ ____________

In der Apotheke und im Krankenhaus
약국과 병원에서

14. 괄호 안의 단어를 사용해 대화를 완성하십시오.
Vervollständigen Sie den Dialog mit den eingeklammerten Wörtern.

A: 요즘 소화가 잘 안돼요.
B: ________________를 드릴까요? (Verdauungsmittel)
A: 예. 주세요. 이 약은 어떻게 먹나요?
B: 하루에 두 번 ________________에 드세요. (nach dem Essen)
A: ________________ 먹나요? (jeweils eine Tablette)
B: 네, 맞아요.

15. 알맞은 단어를 찾아 다음 텍스트를 완성하십시오.
Vervollständigen Sie den Text mit den passenden Wörtern aus dem Wortspeicher.

부딪치다 • 의식 (3x) • 쓰러지다 • 수술 (2x) • 구급차 (2x) • 실려가다 • 상처 • 휠체어 • 다치다 • 부상 • 응급실

불행한 사고

제 친구 사라가 창문을 닦다가 3층에서 떨어졌어요. 그리고 머리를 땅에 부딪쳤고 ________________을 잃고 ________________(아/어서) 옆집 아주머니가 보고 바로 ________________를 불렀어요. 사라는 ________________를 타고 병원에 ________________. 병원에 도착했을 때 여전히 ________________이 없었어요. 그리고 ________________로 들어갔고 ________________을 받았어요. ________________이 끝나고 사라는 다시 ________________을 찾았어요. 의사는 사라 머리의 ________________를 꿰맸고 뇌는 다행히 ________________지 않았어요. 그러나 안타깝게도 엉덩이 뼈가 심하게 ________________을 입었어요. 그래서 더 이상 걸을 수 없게 되었어요. 이제 사라는 ________________를 타고 다녀야 해요.

16. 가로세로 낱말 퀴즈
Vervollständigen Sie das Kreuzworträtsel.

가로

1 약을 파는 사람
2 눈에 넣는 약
3 아픔
4 다친 자리에 나타나는 피부 상태
5 방광에 염증이 생겨 소변을 볼 때 통증을 느낀다

세로

1 약을 파는 곳
2 시력 검사를 하거나 눈을 치료하는 병원
3 흡연은 이것을 가져올 수 있다
4 기침을 할 때 복용한다
5 환자의 병을 치료하는 사람
6 치료하기 위해 약을 짓는 방법
7 병균이 몸에 들어감

Beim Zahn- und Augenarzt 치과와 안과에서

17. 다음 단어들을 사용해 대화를 완성하십시오.
Vervollständigen Sie den Dialog mit den Wörtern aus dem Wortspeicher.

치료 • 약국 • 부분 마취 • 염증 • 썩다 • 뽑다 • 흔들리다 • 치통 • 충치

A: 어디 아프세요? 안색이 안 좋아요.

B: 네, 어제 저녁부터 이가 아파요.

A: ________________ 이 있으면 ________________ 에 가서 약을 사서 드세요.

B: 아무래도 치과에 가서 ________________ 를 받아야 할 것 같아요. 사랑니가 하나 있는데 약간 ________________ 고 ________________ 이 생긴 것 같아요.

A: ________________ 은 사랑니이면 빨리 ________________ 것이 좋아요. ________________ 를 해서 뽑으시면 덜 아파요.

B: 맞아요. 오늘 오후에 치과 예약이 있어요. 치과에 가서 사랑니를 빼면서 ________________ 가 있는지도 검사 받으려고 해요.

A: 그러세요. 빨리 완쾌되길 빌어요!

18. 맞는 답을 찾아 빈칸을 채우십시오.
Füllen Sie die Lücke mit dem korrekten Ausdruck.

1) 아기들이 갖는 이를 ________________라고 합니다.
a) 송곳니 b) 젖니 c) 어금니 d) 사랑니

2) 충치로 인해 치아가 약간 깨지거나 부러지면 치아를 ________________.
a) 때웁니다 b) 떼웁니다 c) 닦습니다 d) 스케일링합니다

3) 입 속의 가장 안쪽에서 자라는 큰 어금니이며 17~25세 사이에 나오기 시작하는데 마치 첫사랑을 하는 나이에 나온다고 해서 이 어금니를 ________________라고 부른다.
a) 덧니 b) 송곳니 c) 사랑니 d) 앞니

4) 먼 것이 보이고 가까운 것이 보이지 않는 경우를 ________________라고 합니다.
a) 사시 b) 원시 c) 난시 d) 근시

5) 눈이 건조하면 ________________이 필요합니다.
a) 설사약 b) 양약 c) 안약 d) 혈압약

6) 글씨가 잘 안 보이면 ________________가 필요합니다.
a) 돋보기 b) 치실 c) 연고 d) 붕대

7) 콘택트 렌즈를 구입하려면 ________________에 갑니다.
a) 치과 b) 병원 c) 응급실 d) 안경점

19. 다음 질문에 자유롭게 답해 보십시오.
Antworten Sie frei auf die folgenden Fragen.

1) 여러분은 눈이 좋습니까?
2) 지금 안경을 썼습니까?, 아니면 렌즈를 끼고 있습니까?
3) 시력이 어떻게 됩니까?
4) 난시입니까? 아니면 근시입니까?
5) 시력검사를 자주 받습니까?

7 Einkaufen 쇼핑하기 / 장보기

Läden / Geschäfte 가게 / 상점

1. 어디에서 무엇을 삽니까? 의미에 맞게 연결하십시오.
Wo kaufen Sie was? Verbinden Sie richtig miteinander.

1) 케익과 빵을	a) 정육점에서 사요.
2) 상추와 토마토를	b) 채소가게에서 사요.
3) 소시지와 햄, 소고기를	c) 제과점에서 사요.
4) 연어와 조개 같은 해산물을	d) 꽃집에서 사요.
5) 장미와 튤립 같은 꽃을	e) 서점에서 사요.
6) 소설책, 문법책, 교과서 등을	f) 생선가게에서 사요.
7) 오래된 책상이나 옷을	g) 벼룩시장에서 사고 팔 수 있어요.

2. 다음 물음에 답하십시오.
Antworten Sie auf die folgenden Fragen.

1) 생선이나 해물을 파는 시장은 무엇이라고 합니까?
2) 귀걸이, 금반지, 은반지, 목걸이 등을 파는 상점은 무엇이라고 합니까?
3) 전문적으로 백포도주, 적포도주, 샴페인 등을 파는 상점은 무엇이라고 합니까?
4) 로션, 마스카라, 크림, 립스틱 등을 파는 가게는 무엇이라고 합니까?
5) 우유, 치즈, 요거트와 같은 제품을 무엇이라고 합니까?

3. 괄호 안의 단어를 사용해 대화를 완성하십시오.
Vervollständigen Sie die Dialoge mit den eingeklammerten Wörtern.

가: 어서 오세요. 제가 오늘 식당을 ________________했어요. (eröffnen)
나: 네. 원래 이 곳은 옷 가게였는데 갑자기 식당으로 바뀌어서 놀랐어요.
가: 코로나 때문에 작년에 ________________가 안 되어서 가게를 ________________. (Geschäft, schließen)
나: 아, 네. 제가 그 옷 가게의 ________________이었고 ________________과도 친했어요. (Stammkunde, Ladenbesitzer)
가: 저희 식당에도 자주 오세요. 저희 가게의 ________________은 오전 11시 30분부터 저녁 9시까지입니다. (Öffnungszeiten)
나: ________________은 언제예요? (Ruhetag)
가: 매주 화요일이에요.

Einkaufen (Allgemeines) 쇼핑하기 / 장보기

4. 반대말을 쓰십시오.
Schreiben Sie die Antonyme der folgenden Wörter auf.

1) 물건을 사다 ↔ 물건을 ______
2) 품질이 좋다 ↔ 품질이 ______
3) 고가 상품 ↔ ______ 상품
4) 물건이 잘 팔리다 ↔ 물건이 잘 ______ 팔리다

5. 괄호 안의 단어를 사용해 대화를 완성하십시오.
Vervollständigen Sie die Dialoge mit den eingeklammerten Wörtern.

가: 안녕하세요. ______? (Was suchen Sie?)
나: 검정색 원피스를 찾고 있어요.
가: 이 원피스는 어떠세요? 한번 ______. (Probieren Sie es an.)
나: 가격이 너무 ______. (teuer) 값을 좀 ______ 주시겠어요? (reduzieren)
가: 그 옷은 ______ 로 팔고 있어요. (zum Festpreis) 그럼 여기에서 한번 찾아 보세요. 여기 물건들은 지금 모두 ______ 으로 팔아요. (zum halben Preis)
나: 이게 마음에 드네요. 얼마예요?
가: 40,000원입니다. 어떻게 ______ 하시겠어요? (bezahlen)
나: ______ 으로 ______. (Ich bezahle bar.)
가: ______ 을 드릴게요. (Quittung)
나: 감사합니다.

Im Kaufhaus 백화점에서

6. 다음 텍스트를 읽고 물음에 답하십시오.
Lesen Sie den Text und beantworten Sie die darauffolgenden Fragen

한국의 백화점

저는 한국에 가면 백화점에서 쇼핑하며 많은 시간을 보냅니다. 우선 백화점 안에 들어가면 항상 깨끗하고 환하고 밝아서 기분이 좋습니다. 그리고 고객에 대한 직원들의 친절한 서비스도 마음에 듭니다. 무엇보다 한국 백화점에 가면 한 곳에 여러 매장이 있어서 다양한 종류의 상품들을 쉽게 구입할 수 있어서 매우 편리합니다.

먼저 에스컬레이터나 승강기를 타고 백화점 지하 매장으로 내려가면 맛있는 식료품 코너를 만나게 됩니다. 야채, 고기, 과일, 생선, 음료 등 일반적인 식료품도 팔지만 바로 요리해서 먹을 수 있는 포장된 식재료와 여러 가지 종류의 반찬들이 있습니다. 그래서 지하 매장에 가면 장을 보는 사람들로 아주 복잡합니다. 그리고 식료품 매장을 돌아다니며 쇼핑을 하다 보면 시식 코너와 시음 코너를 만날 수 있는데 거기에서 구워 놓은 소시지와 만두 등을 무료로 맛볼 수도 있고 커피나 주스 같은 음료를 마셔볼 수도 있습니다.

1층 매장에는 보석이나 선글라스 등과 같은 액세서리와 크림, 로션, 파운데이션 등 화장에 필요한 모든 물건들, 그리고 샴푸나 린스, 면도기, 칫솔과 같은 바디 케어 용품들이 있습니다. 2층에는 여성 의류 매장, 3층에는 남성 의류 매장 그리고 4층에는 유아용품과 장난감이 진열되어 있습니다. 여성 의류 진열창에는 예쁜 원피스나 잠옷을 입은 마네킹이, 남성 의류 진열창에는 멋진 양복을 입은 남자 마네킹이 전시되어 있습니다. 5층에는 가전제품과 생활용품 등을 팔고 있습니다. 백화점의 지하 매장과 커피숍과 레스토랑이 있는 마지막 6층은 제가 가장 좋아하는 곳입니다. 여기에서 커피를 마시거나 식사를 하면서 쇼핑의 피로를 풀 수 있습니다.

Vokabelhilfe: 진열되다/전시되다 ausgestellt werden

1) 아이들을 위한 장난감은 어느 매장에서 살 수 있습니까?
2) 향수와 파운데이션, 선크림은 어느 매장에서 살 수 있습니까?
3) 새로 나온 음료수를 맛볼 수 있는 곳은 어느 매장입니까?
4) TV나 냉장고는 어느 매장에서 살 수 있습니까?
5) 백화점의 장점 세 가지를 써 보십시오.

7. 단어의 뜻에 맞게 빈 칸을 채우십시오.
Vervollständigen Sie die Tabelle.

	Shampoo
비누	
	Haarspülung
면도하다	
	Duschgel
칫솔	
	Zahnpasta
향수	
	Wimperntusche
아이섀도우	
	Nagellack
손톱깎기	

8. 다음 단어들을 사용해 문장을 완성하십시오.
Vervollständigen Sie die Sätze mit den passenden Wörtern aus dem Wortspeicher. Achten Sie auf eine korrekte Form der Verben.

하다 • 끼다 • 접다 • 꽂다 • 쓰다

1) 우리들 중에 금반지를 ______________ 사람이 아무도 없어요.
2) 수미가 은팔찌와 은목걸이를 ______________고 있어요.
3) 사라가 머리에 예쁜 머리핀을 ______________고 있어요.
4) 남편은 비가 와도 우산을 안 ______________.
5) 비가 그쳤어요. 이제 우산을 ______________도 돼요.

9. 다음 단어들을 사용해 문장을 완성하십시오.
Vervollständigen Sie die Sätze mit den passenden Wörtern aus dem Wortspeicher. Achten Sie auf eine korrekte Form der Verben.

쓰다 • 메다 • 매다 • 끼다 • 들다 • 두르다

1) 민수는 오늘 날씨가 추워서 모자를 ______________.
2) 남편은 장갑을 ______________ 것을 싫어해요.

3) 민수는 넥타이를 ______________고 현빈은 목도리를 ______________.

4) 수미는 항상 가방을 어깨에 ______________는데 유미는 항상 가방을 손에 ______________.

10. 괄호 안의 단어를 사용해 문장을 완성하십시오.
Vervollständigen Sie die Sätze mit den eingeklammerten Wörtern.

1) ______________을 좀 보여 주세요. (Jackett)
2) ______________를 찾고 있어요. (Hemd)
3) 긴 ______________가 필요해요. (Rock)
4) 겨울 ______________가 집에 없어요. (Mantel)
5) ______________를 사고 싶어요. (Kleid)
6) 잘 때 ______________을 입고 자요. (Pyjama)
7) ______________이 잘 어울려요. (Anzug)
8) ______________가 너무 커요. (T-Shirt)
9) ______________가 편안해요. (Pullover)

11. 다음 글자판에서 단어 10 개를 찾으십시오.
Kreisen Sie die gesuchten Begriffe ein.

Unterhose • Socken • Jeans • Knopf • Bluse • Strümpfe • Weste • Badehose • Reißverschluss • Schuluniform

청	수	팬	티	블	담
바	교	복	난	라	양
지	죽	파	스	우	말
조	끼	단	타	스	속
치	아	추	킹	개	판
수	영	복	순	지	퍼

12. 다음 단어들의 반대말을 적어 보십시오.
Schreiben Sie die Antonyme der folgenden Wörter auf.

1) 신발을 신다 ↔ 신발을 ____________
2) 신발끈을 묶다 ↔ 신발끈을 ____________
3) 굽이 높다 ↔ 굽이 ____________
4) 신발이 편하다 ↔ 신발이 ____________

Im Mini-Markt 편의점에서

13. <보기>처럼 수량 단위를 쓰십시오.
Setzen Sie wie im Beispiel das passende Zähleinheitswort ein.

<보기> 사과 한 개 – ein Apfel

1) 과자 한 ____________ → eine Tüte an Snacks
2) 담배 한 ____________ → eine Schachtel Zigaretten
3) 복권 한 ____________ → ein Lottoschein
4) 볼펜 한 ____________ → ein Kugelschreiber
5) 껌 한 ____________ → eine Packung Kaugummi
6) 초콜릿 한 ____________ → ein Stück Schokolade

14. 다음 단어를 알맞게 연결하십시오.
Verbinden Sie richtig miteinander.

1) 복권에	a) 피우다
2) 담배를	b) 비우다
3) 라이터를	c) 당첨되다
4) 재떨이를	d) 들르다
5) 편의점을	e) 씹다
6) 껌을	f) 켜다

15. 다음 텍스트를 읽고 내용이 맞는지 틀리는지 대답하십시오.
Lesen Sie den folgenden Text und entscheiden Sie, ob die darauffolgenden Aussagen richtig oder falsch sind.

한국의 편의점

독일과 달리 한국에서는 편의점을 쉽게 찾을 수 있습니다.

편의점이란 고객의 편의를 위해 하루 종일, 24시간 영업하는 작은 상점을 말합니다. 미니 슈퍼라고 할 수 있으며 일용 잡화, 즉석식품, 식료품 등의 여러 가지 물건을 판매합니다. 편의점은 이용하기 편리하도록 사람들이 많이 다니는 곳에 있습니다. 그래서 밤늦은 시간에 귀가할 때 컵라면, 우동, 삼각 김밥과 같은 즉석식품을 사 먹을 수 있으며, 칫솔과 치약, 샴푸 등과 같은 생활 물품이나 음료수, 물티슈, 담배 그리고 복권 등을 언제든지 살 수도 있습니다.

게다가 편의점은 제품을 판매할 뿐만 아니라 다양한 서비스도 제공하고 있습니다. 예를 들어 가까운 편의점에서 택배를 (Kurier) 맡길 수 있고 은행 자동화 업무기가 (ATM) 있다면 언제든지 돈을 찾거나 보낼 수도 있습니다.

1) 독일에서는 편의점을 어디에서나 찾을 수 있다. richtig | falsch
2) 편의점은 24시간 영업하는 대형쇼핑센터이다. richtig | falsch
3) 편의점에서 우동과 삼각 김밥을 사 먹을 수 있다. richtig | falsch
4) 편의점에서 물티슈를 살 수 없다. richtig | falsch
5) 편의점에서도 택배를 보낼 수 있다. richtig | falsch

8 Essen und Trinken 음식과 음료

Obst und Gemüse 과일과 야채

1. 다음 단어들을 야채와 과일로 분류해 보십시오.
   Ordnen Sie die folgenden Wörter in Gemüse und Obst ein.

피망 • 토마토 • 양파 • 바나나 • 당근 • 딸기 • 자두 • 오이 • 무 • 귤 • 망고 • 버섯

야채	과일
피망	

2. 다음 단어를 사용해 대화를 완성하십시오.
   Vervollständigen Sie den Dialog mit den passenden Wörtern aus dem Wortspeicher.

딸기 • 상자 • 시다 • 송이 • 싱싱하다 • 사과 • 귤

A: 어서 오세요.

B: 아저씨, ________________ 다섯 개와 ________________ 한 통 주세요.

A: 예, 또 필요한 거 없으세요? 여기 제주도 서귀포에서 온 아주 달고 맛있는 ________________이 있어요.

B: 한 ________________에 얼마예요?

A: 구천오백 원이에요.
이거 하나 드셔 보세요. 아주 달고 ________________.

B: 정말 안 ________________고 맛있네요. 작은 걸로 하나 주세요. 그리고 그 뒤에 있는 포도 두 ________________도 주세요.

3. 다음 단어를 알맞게 연결하십시오.
Verbinden Sie richtig miteinander.

1) 레몬이
2) 과일에 곰팡이가
3) 수박씨를
4) 오이를 새콤매콤하게
5) 양파껍질을

a) 피다
b) 뱉다
c) 무치다
d) 벗기다
e) 시다

4. 다음 단위 명사를 사용해 주어진 명사들의 수량을 알맞게 세어 보십시오.
Vervollständigen Sie wie im Beispiel die Tabelle mit Nomen und Zähleinheitswörtern.

Nomen	**Zähleinheitswörter**
달걀 • 포도 • 수박 • 오징어 • 배 • 소고기 • 배추	개 • 상자 • 송이 • 포기 • 근 • 톳 • 마리 • 모 • 자루 • 장

	Nomen	**Zahlwörter**	**Zähleinheitswörter**
2 Tintenfische	오징어	두	마리
3 Trauben			
1 Wassermelone			
4 Kisten Birnen			
6 Eier			
600 g Rindfleisch			
10 Chinakohl			

5. 같은 어휘 영역에 속하지 않는 것을 찾으십시오.
Welcher Ausdruck passt nicht in die Reihe?

1) 버섯 / 호박 / 배 / 양파 / 감자
2) 과일 / 포도 / 딸기 / 수박 / 당근
3) 상추 / 배추 / 가지 / 고구마 / 감
4) 달다 / 짜다 / 맵다 / 가볍다 / 시다 / 쓰다
5) 싱싱하다 / 신선하다 / 탱탱하다 / 시들다 / 신선도가 높다

6. 같은 의미를 가진 단어 쌍을 찾으십시오.
Finden Sie das Wortpaar mit gleicher Bedeutung.

1) 고기가 연하다 – 고기가 질기다
2) 과일이 썩다 – 과일이 상하다
3) 야채를 생으로 먹다 – 야채를 익혀 먹다
4) 양파를 얇게 썰다 – 양파를 두껍게 썰다

7. 괄호 안의 단어를 사용해 문장을 완성하십시오.
Vervollständigen Sie die Sätze mit den eingeklammerten Wörtern.

1) 감자전을 부치려고 해요. 감자 좀 ______________ 주세요. (reiben)
2) 볶음밥을 해서 먹으려고 해요. 당근과 호박을 네모로 ______________ 주세요. (schneiden)
3) 김밥에 들어갈 재료를 만들고 있어요. 제가 당근을 볶을 테니까 사라 씨가 시금치를 살짝 ______________ 주세요. (blanchieren)
4) 과일과 야채는 비싸도 ______________ 것을 사야 맛있어요. (frisch sein)
5) 한국 사람들은 고추를, 독일 사람들은 호박을 ______________ 먹어요. (roh)
6) 고기가 너무 ______________(아/어서) 잘 안 씹어져요. (zäh sein)
7) 저는 양파를 ______________는 것이 제일 싫어요. 양파껍질을 ______________ 때마다 매워서 항상 눈물을 흘려요. (schälen)
8) 준비한 야채들과 고추장을 밥에 넣고 ______________면 맛있는 비빔밥이 됩니다. (vermischen)
9) 콩이 타지 않게 좀 ______________ 주세요. (rühren)

Fleisch, Fisch und Meeresfrüchte
고기, 생선과 해물

8. 다음 단어를 알맞게 연결하십시오.
Verbinden Sie richtig miteinander.

1) 고기를
2) 돼지고기가
3) 소금에
4) 육수를
5) 빵가루를

a) 연하다
b) 튀기다
c) 내다
d) 묻히다
e) 절이다

9. 아래 표를 완성하십시오.
Vervollständigen Sie wie im Beispiel die nachfolgende Tabelle.

고기를 굽다	구운 고기	gebratenes Fleisch
생선을 튀기다		
생선을 조리다		
생선을 말리다		
생선을 찌다		
고기를 태우다		
고기를 삶다		
고기를 얼리다		

10. 같은 어휘 영역에 속하지 않는 것을 찾으십시오.
Welcher Ausdruck passt nicht in die Reihe?

1) 돼지고기 / 양고기 / 소고기 / 물고기 / 닭고기
2) 갈치 / 넙치 / 참치 / 고등어 / 장어 / 어묵 / 가자미
3) 조개 / 홍합 / 꼬막 / 새우 / 굴 / 깻잎 / 가재
4) 땅콩 / 호두 / 아몬드 / 자두 / 브라질넛

11. 괄호 안의 단어를 사용해 생선을 손질하는 과정을 적어 보십시오.
Vervollständigen Sie die Fischzubereitung mit den eingeklammerten Wörtern in der Berichtsform −는다.

1) 먼저 생선을 깨끗이 씻는다. (waschen)
2) 그 다음에 생선 머리를 ______________ . (schneiden)
3) 생선 머리를 자른 다음에 생선 비늘을 ______________ . (entfernen)
4) 생선 내장을 ______________ . (ausnehmen)
5) 생선 내장을 꺼낸 후에 가시를 ______________ . (entfernen)
6) 생선 ______________는 레몬으로 제거해 준다. (Geruch)

Fast Food, Snacks und Ernährung
인스턴트 음식, 스낵과 영양

12. 괄호 안의 단어를 사용해 문장을 완성하십시오.
Vervollständigen Sie die Sätze mit den eingeklammerten Wörtern.

1) 한국 사람들은 주식으로 ________________을 먹어요. (gekochten Reis)
2) 이탈리아에서는 ________________를 즐겨 먹어요. (Pasta)
3) 영국에서는 ________________를 자주 먹어요. (Fisch and Chips)
4) ________________는 빵 안에 소시지를 넣어 먹는 음식입니다. (Hot Dog)
5) 식빵은 ________________로 만들어요. (Mehl)
6) 요즘 아이들은 ________________나 ________________과 같은 인스턴트 음식을 좋아해요. (Pizza, Pommes)

13. 괄호 안의 단어를 사용해 문장을 완성하십시오.
Vervollständigen Sie die Sätze mit den eingeklammerten Wörtern.

1) 닭고기, 생선, 콩에는 ________________이 풍부합니다. (Protein)
2) 과일과 야채 그리고 미역은 ________________이 많은 음식입니다. (Ballaststoff)
3) 치즈, 우유나 버터 등은 ________________에 속합니다. (Milchprodukte)
4) 감자, 밥, 빵, 파스타에는 ________________이 많이 들어 있어요. (Kohlenhydrate)
5) 감자 튀김, 아이스크림, 팝콘, 쿠키는 ________________가 높아요. (Kalorien)
6) 시금치에는 ________________와 ________________이 풍부하게 들었어요. (Vitamin C, Eisengehalt)

14. 가로세로 낱말 퀴즈
Vervollständigen Sie das Kreuzworträtsel.

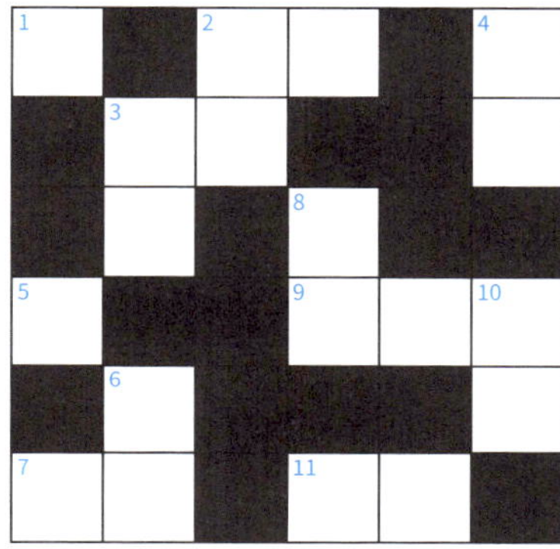

가로

1 Rettich
2 Feuchtigkeit/Wasser
3 Zucchini
5 Mandarine
7 Erdbeere
9 Sojamilch
11 Gurke

세로

2 Wassermelone
3 Walnuss
4 Aprikose
6 Fleisch
8 Pflaume
10 Knoblauch

15. 가로세로 낱말 퀴즈
Vervollständigen Sie das Kreuzworträtsel.

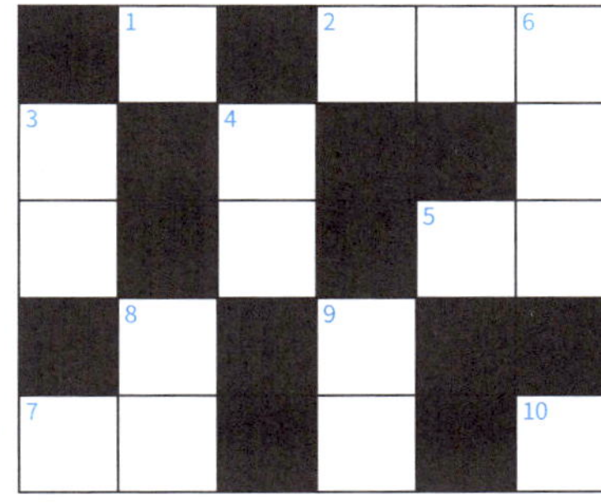

가로

1 Krabbe
2 Lachs
5 Oktopus
7 Sardelle
10 Austern

세로

3 Meeresfrüchte
4 Garnele
6 Tintenfisch
8 Thunfisch
9 Muschel

16. 다음 질문에 자유롭게 대답해 보십시오.
Antworten Sie frei auf die folgenden Fragen.

1) 여러분은 고기나 생선을 좋아합니까?
2) 어떤 고기와 생선을 좋아합니까?
3) 왜 고기나 생선을 먹지 않습니까?
4) 여러분은 보통 생선이나 고기를 어떻게 해서 먹습니까?

Getreide und Mehl 곡류와 밀가루
Milchprodukte und Eier 유제품과 계란

17. 맞는 답을 찾아 표시하십시오.
Kreuzen Sie die richtige Antwort an.

1) 쌀. 귀리, 보리, 밀과 같은 곡식을 모두 무엇이라고 합니까?
☐ a) 밀가루 ☐ b) 곡류 ☐ c) 어류 ☐ d) 의류

2) 곡류에 속하지 않는 것은?
☐ a) 호밀 ☐ b) 좁쌀 ☐ c) 밀 ☐ d) 호두 ☐ e) 귀리

3) 한국 사람들은 보통 주식으로 무엇을 먹습니까?
☐ a) 국수 ☐ b) 밥 ☐ c) 생선 ☐ d) 쌀

4) 닭이 낳은 알이며 노른자와 흰자로 이루어져 있고 사람들이 즐겨 먹는 이것은?
☐ a) 고기 ☐ b) 라면 ☐ c) 냉면 ☐ d) 국수 ☐ e) 달걀

5) 소의 젖이며 하얀색의 음료로써 아이스크림, 버터, 치즈를 만들 때 사용된다.
☐ a) 식혜 ☐ b) 치즈 ☐ c) 우유 ☐ d) 요커트 ☐ e) 두유

6) 유제품에 속하지 않는 것은?
☐ a) 버터 ☐ b) 치즈 ☐ c) 분유 ☐ d) 현미 ☐ e) 연유

18. 괄호 안의 단어를 사용해 대화를 완성하십시오.
Vervollständigen Sie den Dialog mit den eingeklammerten Wörtern.

아이: 엄마, 나 ________________ 한 컵 주세요. (Milch)

엄마: 응, 여기 있어.

아이: 엄마, 나 ________________ 를 넣은 샌드위치를 만들어 주세요. (Spiegelei)

엄마: 응, 그래 빨리 만들어 줄게. 냉장고에서 ________________ 좀 꺼내 줄래? (Ei)

아이: 예, 여기 있어요. 당장 배가 고프니까 ________________ 을 먹고 있을게요. (Toastbrot) 그런데 엄마, ________________ 이 어디에 있어요? ________________ 도 안 보여요. (Schinken, Butter)

엄마: 식탁 위에 있잖아.

아이: 아... 그렇구나, 그런데 엄마 ________________ 는 어디에 있어요? (Cheddarkäse)

엄마: 아이구, 이 녀석, 엄마 지금 샌드위치 만들고 있으니까 네가 직접 찾아봐.

19. 다음 텍스트를 읽고 물음에 답하십시오.
Lesen Sie den Text und beantworten Sie die darauffolgenden Fragen.

우리 가족 아침 식사

우리 가족은 평일 아침에는 모두 바빠서 아침 식사를 간단하게 하는 편입니다. 보통 우리는 크림 치즈나 잼을 바른 토스트와 우유 한 잔을 먹고 집을 나섭니다. 물론 주말 아침에는 빵집에 가서 다양한 종류의 빵을 사와서 먹기도 합니다. 엄마는 곡물빵이나 좀 딱딱한 통밀빵 또는 검은빵을 좋아하시는 편이고 아빠는 부드러운 크루아상이나 롤빵을 자주 드십니다. 저도 아빠처럼 부드러운 빵이 좋은데 가끔 통밀빵도 먹곤 합니다. 일요일 아침에는 천천히 아침 식사를 준비합니다. 달걀을 삶아서 먹거나 스크램블을 해서 빵에 얹어 먹기도 하고 크림치즈를 발라 먹기도 합니다. 그런데 우리 식구들은 햄이나 소시지를 좋아하지 않아서 아침 식탁에 올라오지 않습니다.

요즘 우리집 식단이 천천히 건강식으로 바뀌어 가고 있습니다. 엄마는 아빠와 내가 영양가가 없는 토스트를 너무 많이 먹는다고 하시면서 귀리와 보리 그리고 땅콩이 많이 들어간 뮈슬리를 (Müsli) 권하셨습니다. 여기에 우유나 두유 그리고 요거트를 넣거나 딸기와, 블루베리와 사과 같은 과일이나 말린 과일을 넣어서 달콤하게 먹을 수 있습니다.

1) 엄마가 즐겨 드시는 빵은 무엇입니까?
2) 아빠가 즐겨 드시는 빵은 무엇입니까?
3) 뮈슬리가 무엇인지 설명해 보십시오.
4) 우리 가족이 아침 식사로 즐겨 먹지 않는 것은 무엇입니까?

20. 다음은 와플 만들기에 필요한 재료와 레시피입니다. 한국어로 옮겨 보십시오.
Übersetzen Sie das deutsche Waffelrezept ins Koreanische.

Menge	Zutaten	수량	재료
3	Eier	3개	달걀
250 ml	Milch		
250 g	Mehl		
125 g	Zucker		
125 g	Margarine		
1 TL	Backpulver		

1인분 영양가

Kcal	Eiweiß	Fett	Kohlenhydrate
2711	56,41 g	129,33 g	327,44 g
칼로리 / 열량			
2711	56,41 g	129,33 g	327,44 g

만드는 방법

1) 먼저 달걀을 ____________와 ____________로 분리한다. (Eiweiß, Eigelb)
2) 흰자는 단단해질 때까지 ____________는다. (schlagen)
3) 설탕, 바닐라 설탕, 달걀 노른자를 함께 넣고 핸드믹서로 거품이 나도록 ____________는다. (rühren)
4) 그 다음에 마가린을 ____________고 ____________준다. (hinzufügen, verrühren)
5) 그 다음에 밀가루와 베이킹 파우더를 ____________. (sieben)
6) 체를 친 밀가루와 베이킹 파우더에 우유를 ____________으면서 ____________준다. (hinzufügen, verrühren)
7) 와플 철판을 기름칠한 후에 한 장씩 노릇노릇해질 때까지 ____________. (backen)
8) 와플을 먹기 전에 와플 위에 가루 설탕을 뿌리거나 ____________을 발라 먹으면 더 맛있다. (Marmelade)

Vokabelhilfe: 와플 철판 Waffeleisen, 노릇노릇하다 goldgelb sein, 가루 설탕 Puderzucker

Essen 식사하기

21. 의미에 맞게 연결하십시오.
Verbinden Sie richtig miteinander.

1) 배가 고프다	a) satt sein
2) 음식을 가리다	b) keinen Appetit haben
3) 목이 마르다	c) Essen übrig lassen
4) 식욕이 없다	d) essen
5) 배가 부르다	e) wählerisch mit dem Essen sein
6) 식사하다	f) Hunger haben
7) 음식을 남기다	g) Durst haben

22. 다음 단어들을 각각의 어휘 영역에 맞게 분류해 보십시오.
Ordnen Sie die folgenden Wörter in die Tabelle richtig ein.

빵 • 맥주 • 아이스크림 • 냉면 • 물 • 감자 튀김 • 와인 • 쇠고기국 • 케이크 • 주스 •
막걸리 • 우유 • 홍차 • 스프 • 샴페인 • 냉커피 • 갈비탕 • 부대찌개 • 위스키 •
해초 샐러드 • 호떡

따뜻한 음식	차가운 음식

알코올 음료	무알코올 음료

23. <보기>처럼 각 식품의 맛을 쓰십시오.
Ordnen Sie wie im Beispiel den Lebensmitteln einen Geschmack zu.

<**보기**> 설탕: 달다

1) 간장: ____________
2) 후추: ____________
3) 레몬: ____________
4) 커피: ____________
5) 고춧가루: ____________
6) 꿀: ____________
7) 식초: ____________
8) 소금: ____________

24. 반대말을 쓰십시오.
Schreiben Sie die Antonyme der folgenden Wörter auf.

1) 음식이 맛있다 ↔ 음식이 ____________
2) 고기가 연하다 ↔ 고기가 ____________
3) 밥이 따뜻하다 ↔ 밥이 ____________
4) 찌개가 뜨겁다 ↔ 찌개가 ____________
5) 미역국이 짜다 ↔ 미역국이 ____________

25. 같은 어휘 영역에 속하지 않는 것을 찾으십시오.
Welcher Ausdruck passt nicht in die Reihe?

1) 고추장 / 간장 / 된장 / 양념장 / 마요네즈
2) 짜다 / 달다 / 시다 / 맵다 / 울다 / 쓰다
3) 허브 / 고수 / 물엿/ 파슬리 / 파 / 쑥
4) 꿀 / 식초 / 흑설탕 / 물엿 / 설탕 / 시럽

26. 다음 단어를 알맞게 연결하십시오.
Verbinden Sie richtig miteinander.

1) 소금을	a) 우리다
2) 차를	b) 치다
3) 맥주병을	c) 부리다
4) 술주정을	d) 따다
5) 양념을	e) 보다
6) 간을	f) 차리다
7) 상을	g) 버무리다

Im Restaurant 식당에서

27. 괄호 안의 단어를 사용해 대화를 완성하십시오.
Vervollständigen Sie den Dialog mit den eingeklammerten Wörtern.

A: 어서 오세요. ________________? (Wie viele Personen?)

B: ________________. (Zwei Personen)

A: 여기 앉으세요. 메뉴판 여기 있습니다.

B: 네, 감사합니다.

A: 주문하시겠어요?

B: 예, ________________와 ________________ 주세요. (mariniertes Rindfleisch, Tofueintopf)

A: 음료수는 뭘로 하시겠어요?

B: ________________과 ________________주세요. (ein Glas Bier, eine Flasche Cola bitte)

A: 네.

B: 여기 주문하신 음식이 나왔습니다. ________________. (Guten Appetit.)

A: 여기 김치 좀 더 주시겠어요?

B: 여기 반찬은 모두 무료니까 ________________로 가져다 드세요. (Selbstbedienung).

...

A: ________________? (Hat es Ihnen geschmeckt?)

B: 예, ________________. (Ich habe sehr gut gegessen)

A: 함께 계산하시겠어요?

B: 아니요, ________________. (Berechnen Sie das bitte getrennt.)

28. 다음 단어를 알맞게 연결하십시오.
Verbinden Sie richtig miteinander.

1) 상을	a) 나으다
2) 음식이	b) 치우다
3) 자리에	c) 부르다
4) 종업원을	d) 앉다
5) 카드로	e) 계산하다

9 Wohnen und Haushalt
주거와 집안일

Häuser und Wohnungen 주택과 집

1. 다음 글자판에서 단어 6개를 찾으십시오.
Kreisen Sie die gesuchten Begriffe ein.

Immobilien • Wohnung • Hanok (kor. traditionelles Haus) • Einzimmerwohnung • Studentenwohnheim • betreute Wohngemeinschaft

부	바	믈	사	낭	봄
키	동	한	옥	그	하
라	츠	산	아	게	숙
기	미	가	파	하	집
토	숙	스	트	미	팀
리	다	사	터	원	룸

2. 의미가 다른 단어 쌍을 찾으십시오.
Finden Sie das Wortpaar mit unterschiedlicher Bedeutung.

1) 세입자 – 세든 사람
2) 집주인 – 임대인
3) 집을 사다 – 집을 팔다
4) 집을 세놓다 – 집을 임대하다

3. 동의어를 쓰십시오.
Schreiben Sie die Synonyme der folgenden Wörter auf.

1) 집세를 내다 – 집세를 ______________
2) 집을 세놓다 – 집을 ______________
3) 집을 장만하다 – 집을 ______________
4) 집을 찾다 – 집을 ______________

4. 다음 단어를 알맞게 연결하십시오.
Verbinden Sie richtig miteinander.

1) 집세를 a) 사인하다
2) 계약서에 b) 올리다
3) 방을 c) 하다
4) 집들이를 d) (둘러)보다
5) 전세로 e) 살다

5. 반대말을 쓰십시오.
Schreiben Sie die Antonyme der folgenden Wörter auf.

1) 집세를 내리다 ↔ 집세를 ______________
2) 집을 계약하다 ↔ 집을 ______________
3) 집주인 ↔ ______________
4) 임대하다 ↔ ______________

6. 다음 질문에 답하십시오.
Antworten Sie auf die folgenden Fragen.

1) 방세와 식사비를 내고 머무르는 집은? ______________
2) 나이가 든 노인들이 함께 사는 집은? ______________
3) 한국의 전통 가옥은? ______________
4) 학생들이 모여 사는 집은? ______________
5) 층수가 높은 아파트를 부르는 말은? ______________
6) 주거도 되고 사무실로도 사용할 수 있는 집은? ______________
7) 집이나 방을 빌려 쓸 때 달마다 내는 돈은? ______________
8) 이사를 한 다음에 친척이나 친구를 불러서 하는 파티는? ______________

7. 어떤 방에서 무엇을 합니까?
Was macht man in welchem Zimmer?

손님방 • 욕실 • 침실 • 공부방 • 부엌 • 화장실 • 거실

1) 하루 일과를 마치고 잠을 잡니다. ______
2) 가족들이 모여 함께 TV도 보면서 시간을 보냅니다. ______
3) 음식을 만들고 설거지를 합니다. ______
4) 목욕을 합니다. ______
5) 소변을 봅니다. ______
6) 아이들이 책을 읽거나 숙제를 합니다. ______
7) 손님이 와서 사용합니다. ______

8. 다음 단어를 의미에 맞게 연결하고 독일어로 번역하십시오.
Verbinden Sie richtig miteinander und übersetzen Sie ins Deutsche.

	열다	1) ______
	잠그다	2) ______
문을	올라가다	3) ______
계단을	두드리다	4) ______
	내려오다	5) ______
	닫다	6) ______

9. 괄호 안의 단어를 사용해 문장을 완성하십시오.
Vervollständigen Sie die Sätze mit den eingeklammerten Wörtern.

1) 제가 어제 너무 급해서 ______을 잠그지 않고 나왔어요. (Tür)
2) ______을 내려오다가 넘어졌어요. (Treppe)
3) 지금 너무 추우니까 ______을 닫아 주시겠어요? (Fenster)
4) 지난주에 친구가 새 ______으로 이사갔는데 바빠서 아직 자기 ______조차 꾸미지 못 했어요. (Haus, Zimmer)
5) 이웃집 할머니의 ______이 항상 열려 있어요. 너무 위험해 보여요. (Haustür)

10. 반대말을 쓰십시오.
Schreiben Sie die Antonyme der folgenden Wörter auf.

1) 방이 좁다 ↔ 방이 ________________
2) 문을 닫다 ↔ 문을 ________________
3) 신발을 신다 ↔ 신발을 ________________
4) 난방을 켜다 ↔ 난방을 ________________
5) 천장이 높다 ↔ 천장이 ________________
6) 방이 어둡다 ↔ 방이 ________________

11. 다음 단어를 사용해 대화를 완성하십시오.
Vervollständigen Sie den Dialog mit den passenden Wörtern aus dem Wortspeicher.

집세(2x) • 부엌 • 난방비 • 빼다 • 세들다 • 입주하다 • 기숙사 • 보증금 • 발코니 • 얼마나 • 욕실 • 주택 • 전기 요금 • 수도 요금

A: 지금 일반 ________________에 살고 계세요?
B: 아니요, 학생 부부가 살 수 있는 학교 ________________에 살고 있어요. 본(Bonn)에 있는 집들은 ________________가 아주 비싸요.
A: 한 달에 얼마나 내요?
B: 한 달에 550유로를 냅니다.
A: ________________가 월세에 포함되어 있나요?
B: 아니요. 550유로는 난방비를 ________________ 금액이에요. ________________과 ________________, 가스 요금 모두 합쳐서 150유로를 내고 있어요. 그래서 총 700유로를 내고 있어요.
A: 아.. 그렇군요. ________________기 전에 ________________도 내셨나요?
B: 그럼요. 보증금으로 두 달 월세를 내야 합니다. 이 보증금은 나중에 이사할 때 다시 돌려 받을 수 있습니다.
A: 그렇군요. 방은 ________________ 커요?
B: 방은 13m²이고 ________________과 ________________ 그리고 ________________가 따로 있어서 아주 편해요.

Schlafzimmer 침실

12. 같은 어휘 영역에 속하지 않는 것을 찾으십시오.
Welcher Ausdruck passt nicht in die Reihe?

1) 잠을 자다 / 늦잠을 자다 / 사진을 걸다 / 낮잠을 자다
2) 코를 골다 / 이를 갈다 / 몽유병에 시달리다 / 불을 켜다 / 잠꼬대를 하다
3) 거울 / 이불 / 담요 / 침대 / 베개
4) 전구 / 알람 시계 / LED 조명 / 전등 / 형광등
5) 요 / 이불 / 전기 담요 / 베개 / 담요 / 보온 물주머니

13. 다음 단어를 알맞게 연결하십시오.
Verbinden Sie richtig miteinander.

1) 알람 시계가 — a) 베다
2) 이불을 — b) 덮다
3) 베개를 — c) 갈다
4) 그림을 — d) 울리다
5) 전구를 — e) 걸다

14. 다음 표현에서 틀린 부분을 올바르게 고치십시오.
Korrigieren Sie die folgenden Ausdrücke.

1) 잠을 꾸다 — 잠을 ______________
2) 늦잠을 켜다 — 늦잠을 ______________
3) 악몽을 골다 — 악몽을 ______________
4) 불을 맞추다 — 불을 ______________
5) 꿈을 자다 — 꿈을 ______________
6) 코를 꾸다 — 코를 ______________
7) 잠에서 자다 — 잠에서 ______________
8) 알람 시계를 깨어나다 — 알람 시계를 ______________

15. 자러 가기 전에 할머니께 인사를 드리려고 합니다. 맞는 표현을 찾으십시오,
Sie möchten Ihrer Großmutter eine schöne gute Nacht wünschen, was sagen Sie? Kreuzen Sie an.

☐ 1) 안녕히 주무셨어요?

☐ 2) 잘 자.

☐ 3) 안녕히 주무세요.

☐ 4) 좋은 꿈 꿔.

☐ 5) 잘 잤어?

Wohnzimmer 거실
Badezimmer 욕실

16. 거실에 있는 물건들의 이름을 적으십시오.
Ergänzen Sie die Abbildung mit den koreanischen Bezeichnungen der folgenden Wörter aus dem Wortspeicher.

Stereoanlage • Buch • Couchtisch • Steckdose • Sessel • Telefon • Vase • Schubladenschrank • Vorhang • TV • Fenster • Lichtschalter • Bücherregal • Sofa • Bild

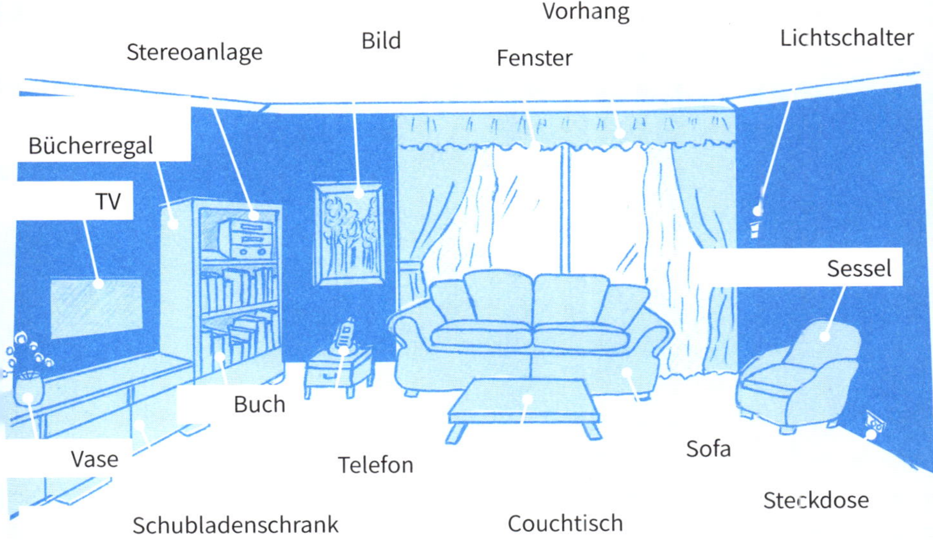

17. 단어의 뜻에 맞게 빈 칸을 채우십시오.
Vervollständigen Sie die Tabelle.

욕조	
	Spiegel
빗	
	Handtuch
휴지/화장지	
	Rasierer
드라이기	
	Waschbecken

18. 다음 단어를 알맞게 연결하십시오.
Verbinden Sie richtig miteinander.

1) 치약을 a) 씻다
2) 손톱을 b) 다듬다
3) 입을 c) 감다
4) 손을 d) 헹구다
5) 머리를 e) 짜다

Küche 주방 / 부엌

19. 다음 글자판에서 단어 6개를 찾으십시오.
Kreisen Sie die gesuchten Begriffe ein.

Reiskocher • Kimchi-Kühlschrank • Topf • Kessel • Ofen • Spülmaschine

수	피	라	초	전	식	규
찬	김	냄	비	기	마	네
박	차	치	세	밥	코	주
이	산	척	냉	솥	효	전
고	기	푸	가	장	래	자
오	븐	태	노	데	고	패

20. 다음 단어를 알맞게 연결하십시오.
Verbinden Sie richtig miteinander.

1) 거품을
2) 수도꼭지를
3) 껍질을
4) 쓰레기통을
5) 국을
6) 김밥을

a) 끓다
b) 벗기다
c) 잠그다
d) 내다
e) 비우다
f) 푸다

21. 괄호 안의 단어를 사용해 문장을 완성하십시오.
Vervollständigen Sie die Sätze mit den eingeklammerten Wörtern.

1) 물을 끓이려면 ____________________가 필요합니다. (Kessel)
2) 통조림을 따려면 ____________________가 필요합니다. (Dosenöffner)
3) 야채를 썰려면 ____________________과 ____________________가 있어야 합니다. (Messer, Schneidebrett)

4) 고기를 구우려면 ________________이 있어야 합니다. (Pfanne)
5) 쓰레기를 버리고 싶으면 ________________가 필요합니다. (Müllbeutel)
6) 칼이 무디면 칼을 ________________아야 합니다. (schärfen)
7) 반찬이 남으면 ________________ 안에 넣어둡니다. (Behälter für Beilagen)
8) 한국 사람들은 밥을 풀 때 보통 숟가락 대신 ________________을 사용합니다. (Reiskelle)

22. 괄호 안의 단어를 사용해 문장을 완성하십시오.
Vervollständigen Sie die Sätze mit den eingeklammerten Wörtern.

1) 한국에서는 밥을 ________________으로 먹어요. (Löffel)
2) 저는 반찬을 집을 때 ________________을 사용해요. (Stäbchen)
3) 아주머니, 여기 비빔밥 한 ________________ 주세요. (Schüssel)
4) 커피 세 ________________을 시켰어요. (Tassen)
5) 서양에서는 스테이크를 ________________로 썰고 ________________로 집어 먹어요. (Messer, Gabel)
6) 한국에서는 고기를 구워서 ________________로 잘라요. (Küchenschere)

23. 다음 텍스트를 읽고 내용이 맞는지 틀리는지 대답하십시오.
Lesen Sie den folgenden Text und entscheiden Sie, ob die darauffolgenden Aussagen richtig oder falsch sind.

내가 꿈꾸는 미래의 우리 집

우리집은 바다가 보이는 3층 집입니다. 집 앞뒤로 크고 작은 정원이 있고 정원에는 예쁜 나무들과 꽃들이 있습니다. 집 옆에는 차고가 있어 주차하기가 매우 편리합니다. 그리고 집 입구에 우편함과 도난 경보기가 설치되어 있어서 안전합니다.

현관문을 열고 신발을 벗고 실내로 들어오면 커다란 창문이 있는 거실과 아담한 서재, 작업실 그리고 예쁜 주방을 볼 수 있습니다. 모든 방들은 천장이 높고 바닥은 온돌이어서 방바닥이 여름에는 시원하고 겨울에는 따뜻합니다. 게다가 방음이 잘 되어 있어서 서재에서 조용히 혼자 책을 읽거나 작업실에서 피아노를 연주하거나 바이올린을 켤 수 있습니다. 정원에 있는 테라스에서 가족들과 함께 아름다운 풍경을 감상하며 식사도 할 수 있습니다.

2층에는 침실 3개와 욕실 2개가 있습니다. 저와 부모님의 침실에서는 창문을 열면 시원한 바다가 보입니다. 제 침실에는 침대와 화장대 그리고 4단 서랍장과 옷장이 갖춰져 있습니다. 그래서 필요한 옷들을 모두 넣어둘 수 있습니다.

지하에 내려가면 방이 세 개 있습니다. 사용하지 않는 물건을 쌓아 두는 창고와 식료품을 오래 보관하기 위한 저장실이 있습니다. 또한 세탁실에는 세탁기와 건조기가 놓여 있어서 빨래를 간편하게 할 수 있습니다.

이것이 제가 꿈꾸는 미래의 우리집입니다.

1) 우리 집은 산이 보이는 3층 집이다. richtig | falsch
2) 집 지하에 차고가 있다. richtig | falsch
3) 작업실에서 악기를 연주해도 거실에서 잘 들리지 않는다. richtig | falsch
4) 부모님의 침실은 천장이 낮다. richtig | falsch
5) 내 침실에 화장대가 없어서 욕실에서 화장을 한다. richtig | falsch
6) 식료품을 보관할 수 있는 저장실이 있다. richtig | falsch

Haushalt 집안일

24. 다음 단어를 알맞게 연결하십시오.
Verbinden Sie richtig miteinander.

1) 창문을 a) 밀리다
2) 서랍을 b) 돌리다
3) 먼지를 c) 닦다
4) 세척기를 d) 하다
5) 설거지를 e) 털다
6) 빨래가 f) 정리하다

25. 같은 어휘 영역에 속하지 않는 것을 찾으십시오.
Welcher Ausdruck passt nicht in die Reihe?

1) 세탁소에 맡기다 / 빨래가 마르다 / 탈수하다 / 못을 박다 / 빨래를 널다
2) 다리미 / 주방 세제 / 수세미 / 식기 세척기 / 설거지
3) 망치 / 낙엽 / 톱 / 나사 / 전기 드릴
4) 나무 / 꽃씨 / 정원 / 화분 / 걸레

Im Garten 정원에서

26. 괄호 안의 단어를 사용해 대화를 완성하십시오.
Vervollständigen Sie den Dialog mit den eingeklammerten Wörtern.

가: 주말에 뭐 했어요?

나: 남편과 하루 종일 ________________을 했어요. (im Garten arbeiten)
남편이 잔디를 ________________는 동안에 (mähen) 저는 꽃을
________________고 (pflanzen) ________________를 뽑았어요.
(Unkraut)

가: 무슨 꽃을 ________________? (pflanzen)

나: ________________를 심었어요. (Sonnenblumen)

27. 맞는 답을 찾아 표시하십시오.
Kreuzen Sie die richtige Antwort an.

1) 빨래를 널 때 필요한 것이 아닌 것은?
☐ a) 빨래줄 ☐ b) 빨랫감 ☐ c) 빨래집게 ☐ d) 빨래걸이

2) 저녁을 먹으려고 식탁을 차려요. 이때 식탁 위에 올라와서는 안 되는 것은?
☐ a) 수저 ☐ b) 국그릇 ☐ c) 공깃밥 ☐ d) 행주 ☐ e) 반찬

3) 밥을 먹고 나서 그릇을 씻으려고 해요. 이때 필요한 것이 아닌 것을 <u>두 개</u> 고르십시오.
☐ a) 수세미 ☐ b) 세척솔 ☐ c) 주방 세제 ☐ d) 다리미 ☐ e) 강판
☐ f) 고무 장갑

4) 맛있는 빵을 만들려고 해요. 이때 필요한 주방용품 <u>두 개를</u> 고르십시오.
☐ a) 거품기 ☐ b) 청소기 ☐ c) 식기 세척기 ☐ d) 찬장 ☐ e) 빵틀
☐ f) 뚜껑

5) 가구점에서 책상을 사서 조립하려고 해요. 이때 필요한 연장도구가 아닌 것을 3개 고르십시오.
☐ a) 밀대 ☐ b) 전기 드릴 ☐ c) 못 ☐ d) 나사 ☐ e) 식기 ☐ f) 드라이버
☐ g) 망치 ☐ h) 도마

Vokabelhilfe: 조립하다 zusammenbauen

10 Tiere und Pflanzen 동물과 식물

Tiere 동물

1. 동물의 이름을 써 보십시오.
Ergänzen Sie die Abbildungen mit den koreanischen Bezeichnungen.

2. 다음 단어들을 어휘 영역에 맞게 분류해 보십시오.
Ordnen Sie die folgenden Wörter richtig ein.

망아지 • 숫소 • 수말 • 송아지 • 병아리 • 강아지 • 암캐 • 숫캐 • 암탉 • 암말 • 수탉 • 암소

Tier	Männlich	Weiblich	Jungtier
개			
소			
닭			
말			

3. 다음 단어를 알맞게 연결하십시오.
Verbinden Sie richtig miteinander.

1) 말을	a) 모이를 주다
2) 개를	b) 타다
3) 병아리에게	c) 산책시키다
4) 다람쥐가	d) 도토리를 줍다
5) 두더지가	e) 풀을 먹다
6) 소가	f) 땅굴을 파다

4. 다음 글을 읽고 어떤 동물의 속성인지 동물의 이름을 맞혀 보십시오.
Fügen Sie der Beschreibung entsprechend die gesuchten Tiere ein.

1) ____________ : 초식동물로서 목이 아주 길다.
2) ____________ : 코가 길고 코로 열매를 따먹는다.
3) ____________ : 도토리를 주워 땅속에 묻어 둔다.
4) ____________ : 동물의 왕으로 불린다.
5) ____________ : "범"이라고도 불리며 용맹하고 강인하다.
6) ____________ : 아프리카의 강, 호수, 습지 등에 주로 서식하며 순우리말로 "물뚱뚱이"라고 부른다.
7) ____________ : 귀가 길고 껑충 껑충 잘 뛴다.
8) ____________ : 나무를 아주 잘 탄다.

5. 다음 단어들을 어휘 영역에 맞게 분류해 보십시오.
Ordnen Sie die folgenden Wörter richtig ein.

사자 • 코끼리 • 여우 • 모기 • 나비 • 기린 • 벌 • 소 • 호랑이 • 닭 • 양 •
오리 • 곰 • 개미 • 돼지

야생 동물	가축 /농장 동물	곤충
	돼지	

6. 맞는 답을 찾아 빈칸을 채우십시오.
Füllen Sie die Lücke mit dem korrekten Ausdruck.

1) 곰은 ________________ 입니다.
a) 수중동물 b) 파충류 c) 포유류 d) 곤충
2) 애완동물에 속하지 않는 것은 ________________ 입니다.
a) 강아지 b) 하마 c) 고양이 d) 햄스터
3) 수염이 있는 동물은 ________________ 입니다.
a) 고양이 b) 거북이 c) 금붕어 d) 벌
4) 날개가 있어서 날아다니는 동물은 ________________ 입니다.
a) 박쥐 b) 생쥐 c) 다람쥐 d) 두더지
5) 우유를 만들어 내는 동물은 ________________ 입니다.
a) 여우 b) 젖소 c) 나비 d) 조랑말
6) 포유류가 아닌 동물은 ________________ 입니다.
a) 박쥐 b) 상어 c) 사자 d) 고래

7. 다음 단어들을 육식동물과 초식동물로 분류해 보십시오.
Ordnen Sie die folgenden Tiere in Fleisch- und Pflanzenfresser e n.

돼지 • 사자 • 염소 • 호랑이 • 소 • 기린 • 북극곰 • 양 • 코끼리

육식동물	초식동물
돼지	

8. 동물들이 어떤 소리를 냅니까? 다음 의성어를 알맞게 쓰십시오.
Welche Laute machen folgende Tiere? Vervollständigen Sie die Sätze mit den Lauten im Wortspeicher.

꽥꽥 • 꼬끼오 • 멍멍 • 음메 • 꿀꿀 • 구구 • 삐악삐악 • 야옹

1) 개가 짖을 때 내는 소리예요. 개가 ________________ 짖어요.
2) 거위가 울 때 내는 소리예요. 거위가 ________________ 울어요.
3) 고양이가 울면 나는 소리예요. 고양이가 ________________ 거려요.
4) 닭들이 ________________ 하고 울어요.
5) 돼지 우리에서 돼지들이 ________________ 거리면서 사료를 먹고 있어요.

6) 소는 ________________하고 울어요.
7) 병아리는 ________________하면서 울어요.
8) 비둘기는 ________________하고 울어요.

9. 다음 텍스트를 읽고 내용이 맞는지 틀리는지 대답하십시오.
Lesen Sie den folgenden Text und entscheiden Sie, ob die darauffolgenden Aussagen richtig oder falsch sind.

북극곰

이 동물은 추운 극지방에서 살고 있으며 몸이 크고 다리가 굵고 짧으며 두껍고 하얀 털을 풍성하게 가지고 있어 백곰으로 알려져 있다. 하지만 하얗게 보이는 털 속의 피부는 실제로 검은색이다. 검은색 피부는 열을 흡수하여 얼음 위나 눈 속을 걸어 다닐 때 체온을 유지하고 적으로부터 자신을 보호해 주는 역할을 한다고 한다. 이 동물은 발톱이 아주 날카롭고 후각이 뛰어나서 먹잇감이 아주 멀리 떨어진 곳에 있어도 먹이의 냄새를 맡을 수 있다고 한다. 이 동물의 주식은 바다표범이며 바다표범과 같은 먹잇감을 사냥할 때 얼음 구멍 옆에서 기다렸다가 바다표범이 잠시 숨을 쉬러 물 밖으로 나올 때 덮쳐서 잡아 먹는다. 이 동물은 겉으로 보기에는 온순하고 착해 보이지만 아주 사납고 위험한 야생동물이다.

Vokabelhilfe: 바다표범 Seehund

1) 북극곰의 피부는 하얀색이다. richtig | falsch
2) 북극곰은 발톱이 날카롭고 후각이 뛰어나다. richtig | falsch
3) 북극곰은 바다표범을 즐겨 먹는다. richtig | falsch
4) 북극곰은 사나운 반려동물이다. richtig | falsch
5) 북극곰은 물속에 들어가서 먹잇감을 사냥한다. richtig | falsch

10. 가로세로 낱말 퀴즈
Vervollständigen Sie das Kreuzworträtsel.

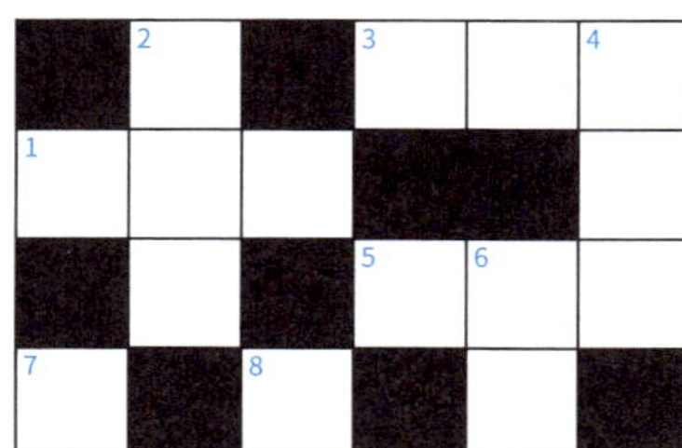

가로
1 Kaninchenstall
3 Zoo
5 Katze
7 Maus

세로
2 Elefant
4 Affe
6 Schafhaar
8 Hahn/Huhn

11. 다음 텍스트를 읽고 내용이 맞는지 틀리는지 대답하십시오.
Lesen Sie den folgenden Text und entscheiden Sie, ob die darauffolgenden Aussagen richtig oder falsch sind.

제가 가장 좋아하는 동물

제가 가장 좋아하는 동물은 고양이에요. 어렸을 때 애완동물로 개를 키워 본 적이 있지만 고양이를 키운 적은 없어요. 결혼하고 정원을 갖고 난 다음부터 고양이를 마침내 키우게 됐어요.

개와 달리 고양이는 자립심이 강해서 혼자 몇 시간 동안 집에 있을 수 있고 매일 산책시킬 필요가 없어서 키우기가 수월한 편이에요. 호기심과 인내심이 강해서 몇 시간동안 창가나 발코니에 앉아 지나가는 사람이나 새들을 관찰하는 습성을 가지고 있어요. 어둠 속에서 잘 보고 들을 수 있는 야행성 동물이어서 낮에는 하루 종일 자는 편이에요. 앞발과 날카로운 발톱과 긴 꼬리를 가지고 있어서 민첩하게 움직이고 나무 위를 기어올라가서 새나 쥐를 잡아 먹기도 해요.

게다가 고양이들은 참 깨끗한 동물이에요. 스스로 털을 핥으면서 몸을 깨끗하게 해요. 특히 고양이는 마음이 평안하고 안정감과 만족감을 느끼면 그르릉 또는 갸르릉 소리를 내는데, 저는 이 소리를 듣고 있으면 마음이 진정이 되고 편안해져요. 그리고 고양이를 쓰다듬을 수도 있고 만지고 껴안을 수도 있어요.

반면에 자신을 귀찮게 하는 사람이 있으면 날카로운 발톱으로 얼굴을 할퀼 수 있어요. 그래서 조심해야 할 필요가 있고, 가능하면 고양이가 싫어하는 것 (배나 꼬리 만지기 등)을 하지 않는 것이 좋아요.

물론 고양이들을 키울 때 마음에 안 드는 점도 있어요. 고양이들은 옷장이나 소파를 긁어 대서 가구들을 손상시킬 수도 있고 털이 빠지기 때문에 옷이나 소파에 묻을 수도 있어서 자주 청소를 해야 해요.

Vokabelhilfe: 자립심 Selbstständigkeit, 습성 Gewohnheit, 민첩하다 flink sein

1) 고양이들은 개처럼 함께 산책을 해야 한다. richtig | falsch
2) 고양이들은 창가에 앉아서 밖을 쳐다보는 것을 좋아한다. richtig | falsch
3) 고양이들은 밤에 나가서 활동하고 낮에 잠을 잔다. richtig | falsch
4) 고양이들은 소파를 긁어서 망가뜨릴 수 있다. richtig | falsch
5) 고양이들은 육식 동물이 아니다. richtig | falsch
6) 고양이들은 편안하고 행복하면 갸르릉 소리를 내곤 한다. richtig | falsch
7) 고양이는 꿀꿀거리면서 사람들과 소통을 한다. richtig | falsch

Insekten, Spinnen und Würmer
곤충, 거미와 벌레

12. 다음 단어를 알맞게 연결하십시오.
Verbinden Sie richtig miteinander.

1) 벌에	a) 물다
2) 모기에	b) 쏘이다
3) 나비가	c) 날다
4) 거미줄을	d) 물리다
5) 벼룩이	e) 치다

13. 가로세로 낱말 퀴즈.
Vervollständigen Sie das Kreuzworträtsel

1 온몸에 긴 털이 나 있고 나무 위를 기어 다니면서 솔잎을 먹는다.
2 이것은 쥐와 비슷하며 날개가 있고 낮에는 꺼꾸로 자고 밤에는 날아다닌다.
3 이것은 아주 작고 기어다니는 곤충이고 그룹을 지어 움직인다. 부지런한 사람을 이 곤충에 비유한다.
4 "맴맴" 소리를 내는 곤충은?
5 이 곤충은 노란색과 검은색 줄무늬를 하고 있으며 날아다닌다. 달콤한 꿀을 만들 수 있으며 사람을 쏠 수도 있다.
6 이 곤충은 날아다니는 날개가 아주 아름답고 색채가 화려하다. 꽃의 꿀을 빨아 먹는다.
7 깃털과 날개를 가진 동물을 무엇이라고 합니까?
8 아직 자라지 않은 작은 벌레이며 나비가 될 수 있다.

14. 다음 텍스트를 읽고 물음에 답하십시오.
Lesen Sie den Text und beantworten Sie die folgenden Fragen.

우리 가족과 나비의 취향

저는 대부분의 곤충을 싫어합니다. 특히 모기와 파리가 정말 싫습니다. 여름에 정원에서 그릴을 하면 파리가 날아 다녀서 밥을 먹을 수가 없습니다. 그리고 저녁에 잠을 자려고 하면 모기가 귀에서 윙윙거려서 잠을 잘 수가 없습니다 저와 달리 제 딸은 송충이나 지렁이처럼 기어다니는 곤충을 보면 징그럽다그 소리칩니다. 그런데 우리 집에는 곤충을 좋아하는 예쁜 나비가 있습니다. 나비는 곤충이 아니고 저희 집 고양이 이름입니다. 나비에게는 거미와 파리가 맛있는 스낵입니다. 그래서 요즘 저희 집에는 거미도 없고 파리도 안 보입니다. 그리고 지렁이와 송충이, 풍뎅이에는 관심도 없습니다. 가끔 장난삼아 살짝 건드리고 지나갑니다. 그런데 저희 고양이가 가장 무서워하는 것이 있습니다. 바로 뾰족한 벌침을 놓는 벌입니다. 벌에게 쏘인 적이 있어서 벌이 가까이 다가오면 무서워서 도망칩니다.

Vokabelhilfe: 장난삼아 spaßhalber, 벌침을 놓다 von einer Biene gestochen werden

1) 내가 특히 싫어하는 곤충은 무엇입니까?
2) 딸이 싫어하는 곤충은 무엇입니까?
3) 우리 집에 사는 '나비'가 좋아하는 곤충은 무엇입니까?
4) 우리 집에 사는 '나비'가 싫어하는 곤충은 무엇이며 그 이유가 무엇인지 쓰십시오.

Vögel 조류 / 새

15. 빈칸을 채우십시오.
Vervollständigen Sie die Abbildung.

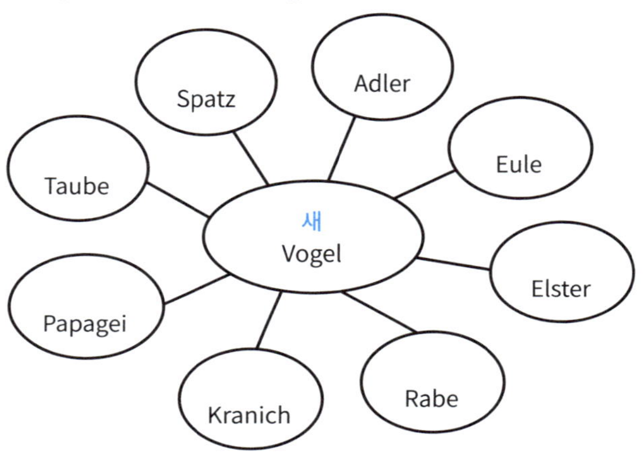

16. 다음 질문에 답하십시오.
Antworten Sie auf die folgenden Fragen.

1) 보통 바닷가나 항구에서 볼 수 있는 새는? ____________
2) 사람의 말을 흉내낼 줄 아는 새는? ____________
3) 몸은 흰색이고 다리는 검은색으로 겨울 철새로 알려져 있으며 일본이나 중국에서 겨울을 보내는 새는? ____________
4) 평화를 상징하는 새로 잘 알려져 있는 새는? ____________
5) 단단한 부리로 나무를 쪼아 구멍을 내서 벌레를 잡아 먹는 새는? ____________
6) 몸의 색이 아주 검고 몸집이 크며 부리가 굵고 날카로운 새는? ____________
7) 야행성 동물로서 눈이 아주 큰 새는? ____________
8) 독일을 상징하는 새이며 아주 높게 날 수 있는 새는? ____________

17. 야행성 동물이 아닌 것은 무엇입니까?
Welches Tier ist kein Wildtier?

1) 부엉이
2) 박쥐
3) 오소리
4) 학

Wassertiere und Fische 수중 동물과 어류
Reptilien und Amphibien 파충류와 양서류

18. 맞는 답을 찾아 표시하십시오.
Kreuzen Sie die richtige Antwort an.

1) 허파로 숨을 쉬는 동물은?
☐ a) 잉어 ☐ b) 복어 ☐ c) 고래 ☐ d) 참치

2) 아가미로 숨을 쉬는 동물은?
☐ a) 코끼리 ☐ b) 고래 ☐ c) 늑대 ☐ d) 참치

3) 독이 있는 물고기는?
☐ a) 복어 ☐ b) 갈치 ☐ c) 새우 ☐ d) 조개

4) 양서류에 해당하는 동물은?
☐ a) 개구리 ☐ b) 뱀 ☐ c) 악어 ☐ d) 도마뱀

5) 쉬쉬 소리를 내면서 바닥을 기어다니며 여러 번 허물을 벗는 동물은?
☐ a) 개구리 ☐ b) 뱀 ☐ c) 악어 ☐ d) 도마뱀

6) 다리가 열 개이고 가시가 없는 바다 생물은?
☐ a) 거북이 ☐ b) 물개 ☐ c) 상어 ☐ d) 오징어

7) 먹기 위해 잡은 물고기로 식탁에 반찬으로 올라오는 것은?
☐ a) 선생 ☐ b) 생선 ☐ c) 김 ☐ d) 미역

8) 몸의 균형을 잡는데 필요한 물고기의 부위는?
☐ a) 아가미 ☐ b) 지느러미 ☐ c) 비늘 ☐ d) 허파

9) 새끼를 낳지 않고 알을 낳는 동물은?
☐ a) 거북이 ☐ b) 박쥐 ☐ c) 사자 ☐ d) 원숭이

10) 물에 털이 잘 젖지 않아서 그 털로 체온을 유지하는 동물은?
☐ a) 햄스터 ☐ b) 펭귄 ☐ c) 카멜레온 ☐ d) 거북이

11) 몸의 색을 바꿔 자신의 몸을 보호하는 동물은?
☐ a) 햄스터 ☐ b) 펭귄 ☐ c) 카멜레온 ☐ d) 거북이

19. 같은 어휘 영역에 속하지 <u>않는</u> 것을 찾으십시오.
Finden Sie das Wort, das <u>nicht</u> in die Reihe passt.

1) 나비 / 개 / 말 / 고양이 / 양 / 사자
2) 벌 / 곤충 / 모기 / 다람쥐 / 개미 / 잠자리
3) 참새 / 부엉이 / 토끼 / 까마귀 / 비둘기
4) 고래 / 돌고래 / 상어 / 참치 / 염소 / 수중동물
5) 도마뱀 / 개구리 / 뱀 / 악어 / 앵무새

Pflanzen 식물

20. 다음 단어를 알맞게 연결하십시오.
Verbinden Sie richtig miteinander.

1) 꽃이	a) 꺾다
2) 꽃을	b) 우거지다
3) 나무가	c) 시들다
4) 가시에	d) 곱다
5) 꽃씨를	e) 뿌리다
6) 단풍이	f) 찔리다

21. 같은 어휘 영역에 속하지 않는 것을 찾으십시오.
Welcher Ausdruck passt nicht in die Reihe?

1) 해바라기 / 국화 / 이끼 / 장미 / 목련 / 개나리
2) 전나무 / 소나무 / 잣나무 / 밤나무 / 벚꽃나무
3) 풀 / 클로버 / 담쟁이 / 덩굴 / 제라늄 / 쐐기풀
4) 호두 나무 / 밤 나무 / 은행 나무 / 배 나무 / 난초

22. 맞는 답을 찾아 표시하십시오.
Kreuzen Sie die richtige Antwort an.

1) 아직 피지 않고 꽃망울이 맺혀져 있는 상태를 무엇이라고 합니까?
☐ a) 꽃자루 ☐ b) 꽃봉오리 ☐ c) 화분 ☐ d) 꽃꽂이
2) 봄에 피는 꽃이 아닌 것은?
☐ a) 목련 ☐ b) 튤립 ☐ c) 벚꽃 ☐ d) 코스모스
3) 한국에서는 4월 5일에 나무를 심고 가꿉니다. 이 날을 무엇이라고 부릅니까?
☐ a) 식목일 ☐ b) 어린이날 ☐ c) 방학 ☐ d) 스승의 날
4) 사랑과 아름다움을 상징하는 꽃으로 5월에 피며 향이 좋아 여성들이 좋아한다. 하지만 줄기에 가시가 있어서 조심해야 한다.
☐ a) 해바라기 ☐ b) 튤립 ☐ c) 장미 ☐ d) 라일락
5) 사막에서도 살아가는 식물로 대부분 가시가 많은 꽃은?
☐ a) 장미 ☐ b) 국화 ☐ c) 난초 ☐ d) 선인장
6) 살아있는 싱싱한 꽃이 아닌 가짜 꽃을 무엇이라고 합니까?
☐ a) 생화 ☐ b) 수화 ☐ c) 조화 ☐ d) 국화
7) 한국과 일본에서 4월에 피는 꽃으로 봄을 알리며 여기저기 이 꽃 축제가 열린다.
☐ a) 목련 ☐ b) 튤립 ☐ c) 벚꽃 ☐ d) 코스모스

8) 한 국가를 상징하는 꽃을 무엇이라고 부릅니까?
☐ a) 난초 ☐ b) 수국 ☐ c) 조화 ☐ d) 국화

9) 한국을 대표하는 꽃은 무엇입니까?
☐ a) 진달래 ☐ b) 무궁화 ☐ c) 개나리 ☐ d) 카네이션

10) 꽃과 나무를 세는 수량 단위는 무엇입니까?
☐ a) 송이, 개 ☐ b) 개, 송이 ☐ c) 송이, 그루 ☐ d) 그루, 송이

11) 나무의 나이를 알아볼 수 있는 둥근 테를 무엇이라고 합니까?
☐ a) 나무테 ☐ b) 가시테 ☐ c) 풀테 ☐ d) 나이테

Vokabelhilfe: ~에서 유래하다 stammen aus

23. 괄호 안의 단어를 사용해 텍스트를 완성하십시오.
Vervollständigen Sie den Text mit den eingeklammerten Wörtern.

좋아하는 계절

저는 봄과 가을을 좋아해요. 봄이 되면 정원에 꽃봉오리들이 천천히 벌어지면서 예쁜 꽃을 피우고 ______________ (Ast/Zweig)에도 ______________ (junge Knospe)이 돋아 나요. 겨울에 얼어 붙었던 ______________ (Rasen)도 푸르게 자라요. 봄이 되면 사람들은 ______________ (Blumentopf)과 ______________ (Blumenbeet)에 여러 종류의 ______________ (Blumensamen)를 뿌리고 물을 줘요. 그리고 정원에 수국과 ______________ (Magnolie)과 같은 꽃나무를 심어요.

저희 집 정원에는 매실 열매를 만드는 하얀 매화 나무가 있어요. 2월이 되면 매화꽃이 활짝 피어나서 마치 눈이 온 것처럼 보여요. 그리고 7월 초가 되면 매실 나무에 ______________ (Frucht)가 주렁주렁 열려요.

가을이 되면 나뭇잎들이 노란색, 빨간색 그리고 갈색으로 곱게 변해서 울긋불긋한 예쁜 ______________ (Laubfärbung)을 볼 수 있어요.

24. 여러분의 나라에서 특별한 의미를 가진 식물이나 동물이 있습니까? 간단히 소개해 보십시오.
Gibt es in Ihrem Heimatland auch eine Pflanze oder ein Tier mit einer besonderen Bedeutung? Stellen Sie es vor.

11 Wetter und Klima 날씨와 기후

Wetter und Wetterbericht 날씨와 일기 예보
Klima 기후

1. 의미에 맞게 연결하십시오.
Verbinden Sie richtig miteinander.

1) 기후
2) 해가 뜨다
3) 비를 흠뻑 맞다
4) 우박이 내리다
5) 번개가 치다
6) 그늘이 지다
7) 일기예보
8) 자외선
9) 기온

a) Klima
b) schattig sein
c) blitzen
d) Temperatur
e) UV-Strahlen
f) vom Regen durchnässt werden
g) hageln
h) (Sonne) aufgehen
i) Wettvorhersage

2. 반대말을 쓰십시오.
Schreiben Sie die Antonyme der folgenden Wörter auf.

1) 날씨가 습하다 ↔ 날씨가 ______________
2) 날씨가 덥다 ↔ 날씨가 ______________
3) 날씨가 좋다 ↔ 날씨가 ______________
4) 날씨가 화창하다 ↔ 날씨가 ______________
5) 비가 오다/내리다 ↔ 비가 ______________
6) 해가 뜨다 ↔ 해가 ______________
7) 햇볕이 강하다 ↔ 햇볕이 ______________
8) 해가 길다 ↔ 해가 ______________

3. 다음 단어들을 사용해 문장을 완성하십시오.
Vervollständigen Sie die Sätze mit den passenden Wörtern aus dem Wortspeicher. Achten Sie auf eine korrekte Form der Verben.

쏟아지다 • 불다 • 얼다 • 일기예보 (2x) • 맑다 (2x) • 빗방울 • 길다 • 그치다 • 끼다 • 걷히다

1) ______________에 의하면 오늘은 대체로 날씨가 ______________고 ______________이 조금 떨어진다고 했어요. 그런데 오전부터 바람이 심하게 ______________고 비가 세게 ______________고 있어요. 도대체 ______________를 믿을 수 가 없어요. 저는 안경을 끼어서 비오는 날이나 바람이 심하게 부는 날이 제일 싫어요. 빨리 비가 ______________면 좋겠어요.
2) 여름에는 해가 ______________(아/어서) 거의 밤 10시까지 밖이 환해요. 그래서 사람들은 비어가든에서 맥주도 마시고 늦게까지 밖에서 즐거운 시간을 보내요.
3) 오전에는 구름이 심하게 ______________겠습니다. 그러나 오후부터는 구름이 서서히 ______________겠습니다. 그래서 오후에는 ______________ 날씨가 예상됩니다.
4) 날씨가 너무 추우면 물이나 차, 파이프가 ______________ 수도 있어요.

4. 같은 어휘 영역에 속하지 않는 것을 찾으십시오.
Welcher Ausdruck passt nicht in die Reihe?

1) 기상청 / 일기예보 / 새소리 / 날씨정보
2) 기후 변화 / 수질 오염 / 생태계 / 해가 뜨다
3) 겨울 / 장마 / 눈사태 / 썰매 / 진눈깨비 / 함박눈
4) 별 / 봄비 / 장대비 / 빗방울 / 소나기

5. 괄호 안의 단어를 사용해 대화를 완성하십시오.
Vervollständigen Sie den Dialog mit den eingeklammerten Wörtern.

A: 오늘 __________가 어떻습니까? (Wetter)
B: __________고 __________. 비가 올 것 같아요. 구름이 잔뜩 끼었어요. (heiß, feucht.)
A: __________에서는 뭐라고 해요? (Wetterbericht)
B: 오늘은 __________고 내일은 하루 종일 __________다고 했어요. (bewölkt sein, regnen)

6. 다음 질문에 답하십시오.
Antworten Sie auf die folgenden Fragen.

1) 아침에 풀잎에 맺히는 것을 무엇이라고 합니까? ____________________
2) 일본에서 자주 발생하는 자연재해로 땅이 흔들리는 현상은 무엇입니까?
____
3) 봄이 되면 꽃에서 나오는 가루 때문에 많은 사람들이 ____________________ 알레르기에 시달려요.
4) 한국의 여름날씨는 덥고 습해요. 이런 날씨를 ____________________ 날씨라고 합니다.

7. 맞는 답을 찾아 표시하십시오.
Kreuzen Sie die richtige Antwort an.

1) 아주 가늘게 내리는 비는?
☐ a) 이슬비 ☐ b) 소낙비 ☐ c) 봄비 ☐ d) 장대비
2) 짧은 시간동안 세차게 한꺼번에 내리는 비는?
☐ a) 진눈깨비 ☐ b) 소나기 ☐ c) 겨울비 ☐ d) 가랑비
3) 겨울에 갑자기 기온이 내려가는 현상은?
☐ a) 폭풍 ☐ b) 폭염 ☐ c) 한파 ☐ d) 우기
4) 일년 중에 비가 가장 많은 오는 시기는?
☐ a) 우기 ☐ b) 전기 ☐ c) 꽃샘추위 ☐ d) 산불
5) 한국에서 여름에 여러 날 계속해서 비가 내리는 날씨 또는 그 비는?
☐ a) 기온 상승 ☐ b) 홍수 ☐ c) 장마 ☐ d) 산불

8. 맞는 답을 찾아 빈칸을 채우십시오.
Füllen Sie die Lücke mit dem korrekten Ausdruck.

1) ____________________은 약하게 부는 바람을 말한다.
a) 동풍 b) 미풍 c) 풍향 d) 폭풍
2) ____________________으로 많은 건물들이 파괴되었다.
a) 순풍 b) 태풍 c) 풍향 d) 찬바람
3) ____________________은 아주 검은 구름을 말하고 ____________________은 비를 동반하는 구름을 말한다.
a) 비구름, 먹구름 b) 뭉게구름, 먹구름 c) 먹구름, 비구름 d) 새털구름, 뭉게구름
4) 모래가 강한 바람으로 올라갔다 내려오는 현상을 ____________________라고 합니다.
a) 지진 b) 홍수 c) 황사 d) 산사태

5) 오랫동안 비가 내리지 않아 공기가 건조한 날씨를 ____________(이)라고 합니다.
a) 지진 b) 가뭄 c) 폭염 d) 장마

6) 비가 너무 많이 와서 강에 물이 불어나는 것을 ____________라고 합니다.
a) 지진 b) 홍수 c) 산불 d) 화산 폭발

Vokabelhilfe: 물이 불어나는 것 das Steigen des Wassers

9. 다음 단어를 알맞게 연결하십시오.
Verbinden Sie richtig miteinander.

1) 바람이	a) 맺히다
2) 이슬이	b) 불다
3) 안개가	c) 뜨다
4) 번개가	d) 끼다
5) 산불이	e) 만들다
6) 무지개가	f) 맞다
7) 벼락을	g) 녹다
8) 얼음이	h) 나다
9) 눈사람을	i) 치다

10. 다음 문장의 내용이 맞는지 틀리는지 답하십시오.
Entscheiden Sie, ob die folgenden Aussagen richtig oder falsch sind.

1) 안개가 끼면 선그라스가 필요합니다. richtig | falsch
2) 햇볕이 강하게 내리쬐면 비옷을 입습니다. richtig | falsch
3) 벼락은 사람을 죽일 수도 있습니다. richtig | falsch
4) 천둥이 치면 아주 시끄럽습니다. richtig | falsch
5) 가뭄이 들면 아주 건조합니다. richtig | falsch
6) 사막에는 장대비가 자주 내립니다. richtig | falsch
7) 한파는 폭염을 의미합니다. richtig | falsch
8) 안개가 자욱할 때 사고가 자주 납니다. richtig | falsch

11. 괄호 안의 단어를 사용해 대화를 완성하십시오.
Vervollständigen Sie den Dialog mit den eingeklammerten Wörtern.

A: 이번 겨울에 한국이 ____________18도까지 내려갔다고 들었어요.
(unter null)

B: 맞아요. 35년 만의 가장 추운 날씨였어요. 최대 한파가 찾아온 거지요. 게다가 바람이 강하게 불어서 ________________는 10도 정도 더 낮았어요. (gefühlte Temperatur). 그래서 더 춥게 느껴졌어요.

A: 믿어지지가 않네요. 기후 변화로 이런 ________________을 다 겪네요. (ungewöhnliche Temperatur)

B: 올 겨울이 이렇게 추운 걸 보니 여름도 아주 무더울 것 같아요.

A: 작년에 ________________ 38도까지 올라갔다고 들었어요. (über Null)

B: 맞아요. 거의 6월 말부터 8월 말까지 ________________이 찾아왔어요. (Hitzewelle) 그래서 아주 힘들었어요. 게다가 ________________와 ________________까지 겹쳐서 피해를 많이 입었어요. (Dauerregen, Überschwemmung)

A: 이상 기후가 자주 나타나는 것을 보니까 ________________가 심각하다는 것이 느껴져요. (Erderwärmung)

12. 맞는 답을 찾아 표시하십시오.
Kreuzen Sie die richtige Antwort an.

1) 낮과 밤 사이의 기온 차이를 무엇이라고 합니까?
☐ a) 일교차 ☐ b) 자외선 ☐ c) 오염 ☐ d) 온도계

2) 바람에 의해 피부가 실제로 느끼는 온도를 무엇이라고 합니까?
☐ a) 최저 온도 ☐ b) 최고 온도 ☐ c) 체감 온도 ☐ d) 빙점

3) 기온을 재려면 필요한 것은?
☐ a) 온도계 ☐ b) 저울 ☐ c) 수량계 ☐ d) 풍향계

4) 모래보다 작아서 눈에 보이지 않는 먼지는?
☐ a) 스모그 ☐ b) 모래 바람 ☐ c) 휴지 ☐ d) 미세 먼지

5) 평균 기온이 갑자기 극도로 상승하거나 하강하는 현상을 무엇이라고 합니까?
☐ a) 최고 기온 ☐ b) 최저 기온 ☐ c) 이상 기온 ☐ d) 공기의 온도

13. 같은 어휘 영역에 속하지 않는 것을 찾으십시오.
Welcher Ausdruck passt nicht in die Reihe?

1) 수질 오염 / 공장 폐수 / 물이 더럽다 / 농업 폐수 / 공기 오염
2) 공장 매연 / 자동차 배기 가스 / 쓰레기 소각 / 석탄을 태움 / 사막화
3) 미세 먼지 / 공기 오염 / 스모그 / 수력 에너지 / 자동차 배기가스
4) 재생 에너지 / 생태계 파괴 / 오존층 파괴 / 기후 변화 / 지구 온난화
5) 자연 재해 / 사막화 / 가뭄 / 홍수 / 체감 온도 / 폭설 / 눈사태

14. 다음 글자판에서 단어 8개를 찾아서 알맞게 쓰십시오.
Bilden Sie aus dem Silbenraster die gesuchten Begriffe.

유	산	화	연	해
수	홍	해	태	생
물	면	보	태	늘
사	그	폐	계	자
수	호	수	산	질

Schadstoff – ______
Abwasser – ______
Meeresspiegel – ______
Vulkan – ______
Erdrutsch – ______
Naturschutz – ______
Ökosystem – ______
Schatten – ______

15. 다음 텍스트를 읽고 물음에 답하십시오.
Lesen Sie den Text und beantworten Sie die darauffolgenden Fragen.

지구 온난화의 영향

안녕하세요. 오늘은 여러분들과 지구 온난화로 인해 발생하는 심각한 상황에 대해 알아보고자 합니다.

남태평양의 아름다운 어떤 섬은 지구 온난화로 인해 몇 년 후에 더 이상 볼 수 없다고 합니다. 기후 변화로 인해 해수면이 올라가면서 섬의 면적이 점점 줄어들기 때문에 언젠가 가라앉을 수 있다고 합니다. 그 옆에 있는 한 작은 섬은 예전에 식물도 자랐고 코코넛나무도 많았는데 기온 상승으로 인해 오래 전에 바다에 잠겨 볼 수 없다고 합니다.

그리고 지구 온난화가 가져다 주는 또 다른 자연재해로 홍수와 산불을 들 수 있습니다. 해마다 인도네시아나 필리핀 그리고 방글라데시와 같은 여러 나라에서 홍수와 폭풍우로 인해 주민들이 심한 피해를 입고 있습니다.
가뭄 또한 지구 온난화의 중대한 영향 중의 하나입니다. 특히 아프리카의 세네갈 지역에서는 전체 이용 가능한 물의 양이 40~60%로 감소하여 물 부족에 시달리고 있으며 남서부 아프리카에서는 연평균 강수량이 급속도로 감소하면서 사막화가 심해지고 있습니다.

Vokabelhilfe: 면적 Fläche, 가라앉다 sinken, 연평균 강수량 durchschnittlicher Jahresniederschlag

1) 지구 온난화로 인해 생기는 현상에는 어떤 것들이 있습니까?
2) 남태평양의 아름다운 섬이 왜 사라지고 있습니까?
3) 동남아시아에서는 왜 해마다 심한 피해가 일어납니까?
4) 사막화가 생기는 이유는 무엇입니까?

12 Schule und Universität
학교와 대학교

Schule 학교

1. 의미에 맞게 연결하십시오.
Verbinden Sie richtig miteinander.

1) 학부모	a) Kindergarten
2) 졸업생	b) Grundschule
3) 반	c) Schulabgänger
4) 고등학교	d) Eltern der Schüler
5) 유치원	e) Einschulungsfeier
6) 중학교	f) Klasse
7) 수학여행	g) Klassenfahrt
8) 입학식	h) Mittelschule
9) 모범생	i) Musterschüler
10) 초등학교	j) Oberschule
11) 교사	k) Schullehrer
12) 교장 선생님	l) Schuldirektor

2. 학교 과목을 해당 학습 내용과 연결하십시오.
Verbinden Sie die Schulfächer mit dem Lehrinhalt.

수학	Programmieren	역사	Turnen in der Halle
생물	gesellschaftl. System	도덕	„Hi! My name is...“
화학	menschliche DNA	음악	Noten lesen lernen
물리	Demokratie	종교	Joseon-Dynastie 1392
정보학	$5 \times (6x + 5)$	미술	Vincent van Gogh
사회	Schwerkraft	체육	Bibelkunde
정치	Periodensystem	외국어	Ethik und Moral

3. 알맞은 과목을 쓰십시오.
Ordnen Sie die Schulfächer im Wortspeicher korrekt zu.

역사 • 물리 • 지리 • 국어 • 수학 • 영어 • 체육 • 생물

1) 학생들은 이 수업 시간에 계산 문제를 풀어야 합니다. ______
2) 학생들은 이 수업 시간에 도시에 대한 많은 정보를 배울 수 있습니다. ______
3) 학생들은 이 수업 시간에 영국과 북아메리카의 언어를 배웁니다. ______
4) 이 시간에는 선생님께서 자연의 법칙을 설명해 주십니다. ______
5) 이 수업에서는 인간, 동물과 식물의 구조에 대해서 이야기합니다. ______
6) 이 시간에는 한국의 과거사에 대해 배울 수 있습니다. ______
7) 학생들은 이 수업 시간에 체육관에서 운동을 합니다. ______
8) 이 수업에서는 문법도 배우고 문학작품도 읽습니다. ______

4. 맞는 답을 찾아 빈칸을 채우십시오.
Füllen Sie die Lücke mit dem korrekten Ausdruck.

1) 미나 씨는 연습 문제를 풀다가 모르는 단어를 ______에서 찾았어요.
a) 오답 b) 칠판 c) 출석 d) 사전
2) 한국어를 배운지 한 2년 됐는데 아직도 ______이 좋지 않습니다.
a) 숙제 b) 외국어 c) 발음 d) 과목
3) 작년 퀴즈 대회에서 경쟁이 심했는데 마지막 질문의 ______ 우승했어요.
a) 답을 맞혀서 b) 단어를 몰라서 c) 답을 못 맞혀서 d) 문법이 틀려서
4) 오늘 학교에서 운동하다가 다쳐서 학교를 ______ 바로 병원에 갔어요.
a) 지각하고 b) 조퇴하고 c) 중퇴하고 d) 입학하고
5) 요즘 수업이 끝나면 바로 집에 가서 열심히 공부해요. 그래서 며칠 전부터 어머니한테서 계속 ______.
a) 혼났어요 b) 경고를 받았어요 c) 칭찬을 받고 있어요 d) 야단을 맞았어요

5. 다음 단어를 독일어로 번역하십시오.
Übersetzen Sie die folgenden Wörter.

1) 설명하다 – ____________
2) 교정하다 – ____________
3) 발표하다 – ____________
4) 토론하다 – ____________
5) 예습하다 – ____________
6) 복습하다 – ____________
7) 문제를 풀다 – ____________
8) 요약하다 – ____________
9) 받아쓰다 – ____________

6. 알맞은 동사를 찾아 쓰십시오.
Vervollständigen Sie die folgenden Ausdrücke mit den Wörtern im Wortspeicher.

제출하다 • 취소되다 • 필기하다 • 지우다 • 암기하다 • 올리다 • 펴다 •
빼먹다 • 나가다 • 체크하다

1) 논문을 ____________
2) 수업을 ____________
3) 칠판을 ____________
4) 수업이 ____________
5) 출석을 ____________
6) 노트에 ____________
7) 성적을 ____________
8) 진도를 ____________
9) 교과서를 ____________
10) 한국어 단어를 ____________

7. 의미가 다른 단어 쌍을 찾으십시오.
Finden Sie das Wortpaar mit unterschiedlicher Bedeutung.

1) 수업을 마치다 – 수업을 끝내다
2) 칭찬을 듣다 – 칭찬을 받다
3) 선생님한테 야단맞다 – 선생님한테 혼나다
4) 예습하다 – 복습하다

8. 의미가 같은 단어 쌍을 찾으십시오.
Finden Sie das Wortpaar mit gleicher Bedeutung.

1) 수업을 마치다 – 수업을 시작하다
2) 성적이 뛰어나다 – 성적이 나쁘다
3) 시험에 붙다 – 시험에 합격하다
4) 성적이 올라가다 – 성적이 내려가다

9. 다음 단어를 사용해 대화를 완성하십시오.
Vervollständigen Sie die Dialoge mit den passenden Wörtern aus dem Wortspeicher. Achten Sie auf eine korrekte Form der Verben.

속삭이다 • 마치다 • 쉬는 시간 • 복습하다 • 방해 (2x) • 토론하다 • 대답 •
잡담이나 수다를 떨다 • 시험 • 숙제 검사 • 내주다 •떠들다 • 숙제를 내다 • 빠지다 •
준비한 자료를 발표하다 • 못 오다

선생님: 지난 주에 숙제를 ________________지요? 숙제가 뭐였지요?
학생: 온라인 수업의 장점과 단점에 대해 조사해 오는 것이 숙제였어요.
선생님: 지금부터 ________________를 하겠습니다.
학생 1: 죄송합니다. 숙제가 있는지 몰랐습니다. 지난 주에 아파서 학교에 ________________어요.
선생님: 그럼 내일까지 ________________도록 하세요.

(숙제 검사)

선생님: 뒤에 앉은 학생들, 왜 이렇게 시끄럽게 ________________? 조용히 좀 하세요. 앞에 앉은 학생들이 ________________하는 것을 들을 수가 없잖아요. 수업을 ________________하는 것은 좋은 학습 태도가 아니에요. 마찬가지로 옆 친구에게 ________________ 것도 ________________가 돼요. 그러니까 질문이 있으면 손을 들고 하세요. 그리고 ________________고 싶으면 수업이 끝나고 ________________에 하도록 하세요.

(침묵)

선생님: 다음 주에 ________________이 있어서 지금까지 배운 것 중에 중요한 내용을 ________________ 거예요. 그래서 이번 주에는 수업에 ________________지 않도록 하세요. 자, 지금부터 지난 시간에 배운 온라인 수업의 장점과 단점에 대해 ________________겠습니다. 찬성그룹과 반대그룹 각각 네 사람이 짝을 지어 ________________ 보도록 하겠습니다.

(발표와 토론)

선생님: 모두 준비를 잘 했어요. 벌써 시간이 다 됐네요. 이것으로 오늘 수업을 ______________겠습니다. 모두 수고했어요.

학생들: 감사합니다.

Universität 대학교

10. 다음 글자판을 이용해 다음 단어들을 찾으십시오.
Bilden Sie aus dem Silbenraster die gesuchten Begriffe.

증	등	학	점	생
대	비	학	학	의
학	장	■	포	학
금	리	강	교	록
기	금	실	트	학

Stipendium – ______________
Semester – ______________
Universität – ______________
Studiengebühr – ______________
Leistungspunkte – ______________
Semestergebühr – ______________
Seminarraum – ______________
Hausarbeit – ______________
Studentenausweis – ______________

11. 괄호 안의 단어를 사용해 문장을 완성하십시오.
Vervollständigen Sie die Sätze mit den eingeklammerten Wörtern.

1) 제 ______________은 아시아학이에요. (Hauptfach)
2) 이번 학기에는 들어야 할 ______________가 많아요. (Seminare)
3) 어제 밤늦게까지 ______________ 공부를 했어요. (Prüfung)
4) ______________을 전공하면 주로 한국의 역사와 문화에 대해서 많은 것을 배워요. (Koreanistik)
5) 지금 대학에서 ______________로 일하고 있어요. (wissenschaftliche Hilfskraft)
6) 지금 ______________을 쓰고 있어요. (Bachelorarbeit)
7) ______________을 마치고 박사 학위를 하려고 해요. (Masterstudiengang)

12. 괄호 안의 단어를 사용해 텍스트를 완성하십시오.
Vervollständigen Sie den Text mit den eingeklammerten Wörtern.

대학 강의 시간표

우리 대학교에서 ______________ (Koreanistik)을 전공하려면 첫학기가 시작되는 ______________ (Wintersemester) 때 한국어 수업과 역사 강의를 들어야 해요. 이 강의들은 ______________ (Pflichtfach)이에요. 한국어 수업은 모듈형식으로 문법과 읽기/쓰기, 듣기/말하기, 세 과목으로 구성되어 있는데 일주일에 8시간 ______________ (Unterricht)을 들어야 돼요. 학기 말에 ______________ (mündliche Prüfung)과 듣기 시험이 있어요. 한국어 시험에 ______________ (bestehen)면 8 ______________ (Leistungspunkte)을 이수할 수 있어요.

역사 강의는 일주일에 2시간이며 교수님께서 한국 역사에 대해 준비하신 ______________ (Präsentation)을 가지고 수업하세요. 역사 강의가 열리는 ______________ (Seminarraum)은 학생 수가 많아서 아주 커요. 학기 말에 온라인 시험과 ______________ (schriftliche Prüfung)을 봐야 해요. 이 시험에 합격하면 12 ______________ (Leistungspunkte)을 이수할 수 있어요.

또한 우리 대학교에서는 아시아의 경제와 사회를 ______________ (Wahlpflichtfach)으로 공부할 수 있어요. 여러분이 원하면 두 개 이상의 전공을 선택할 수 있어요. 즉, ______________ (2-Fach-Studium)도 가능해요.

Vokabelhilfe: (으)로 구성되어 있다 aus etw. bestehen

Schulmaterial und Schreibwaren
학용품과 필기도구

13. 같은 어휘 영역에 속하지 않는 것을 찾으십시오.
Welcher Ausdruck passt nicht in die Reihe?

1) 학용품/ 공책 / 책가방 / 필통 / 연필 / 스캐너
2) 볼펜 / 연필 / 색연필 / 만년필 / 각도기 / 사인펜
3) 물감 / 스케치북 / 열쇠고리 / 붓
4) 책가방을 고르다 / 색칠하다 / 그림을 그리다 / 스케치하다
5) 찢다 / 접다 / 오리다 / 고치다 / 구기다

14. 맞는 답을 찾아 표시하십시오.
Kreuzen Sie die richtige Antwort an.

1) 필통에 집어 넣지 않는 물건은?
☐ a) 볼펜 ☐ b) 지우개 ☐ c) 자 ☐ d) 사전
2) 그림을 그리는데 필요한 것이 아닌 것은?
☐ a) 물감 ☐ b) 스케치북 ☐ c) 클립 ☐ d) 붓
3) 연필을 깎는데 필요한 학용품은?
☐ a) 사인펜 ☐ b) 종이 ☐ c) 연필깎이 ☐ d) 문방구
4) 종이를 오리는데 필요한 학용품은?
☐ a) 가위 ☐ b) 풀 ☐ c) 삼각자 ☐ d) 박스
5) 책이 찢어져서 다시 붙여야 해요. 이때 필요한 것 두 가지는?
☐ a) 물감, 스케치북 ☐ b) 클립, 붓 ☐ c) 풀, 테이프 ☐ d) 자, 상자
6) 글씨나 그림을 지울 때 필요한 물건은?
☐ a) 물감 ☐ b) 지우개 ☐ c) 클립 ☐ d) 먹
7) 필기를 하거나 숙제를 할 때 필요한 물건은?
☐ a) 일기장 ☐ b) 풀 ☐ c) 신문 ☐ d) 공책
8) 하루 동안 경험한 것을 생각하고 느끼면서 적는 글은?
☐ a) 수기 ☐ b) 일기 ☐ c) 전기 ☐ d) 시
9) 예를 들어 약속을 잊어버리지 않기 위해 사용하는 물건은?
☐ a) 메모지 ☐ b) 벽 ☐ c) 발바닥 ☐ d) 각도기
10) 문방구에서 파는 것이 아닌 것은?
☐ a) 열쇠 고리 ☐ b) 색종이 ☐ c) 담배 ☐ d) 형광펜

13 Beruf und Arbeitsleben 직업과 직장 생활

Beruf und Arbeitsplatz 직업과 직장

1. <보기>처럼 다음 일과 직업을 알맞게 연결하십시오.
Ordnen Sie wie im Beispiel richtig zu.

<보기> 환자를 진찰해요	글을 다른 언어로 옮겨요.
학생을 가르쳐요.	음악의 멜로디를 창작해요.
음식을 만들어요.	기차(배, 비행기) 안에서 일해요.
나무로 가구를 만들어요.	편지를 배달해요.
농사를 지어요.	그림을 그려요.

1) 의사 → 환자를 진찰해요.
2) 농부 → ____________
3) 목수 → ____________
4) 교사/선생님 → ____________
5) 승무원 → ____________
6) 요리사 → ____________
7) 작곡가 → ____________
8) 화가 → ____________
9) 번역가 → ____________
10) 우체부 → ____________

2. <보기>처럼 직업명을 알맞게 연결한 후 독일어로 번역하십시오.
Setzen Sie die korrekten Silben aus dem Kästchen richtig ein.

-자	-사	-가	-관	-원

1) 은행원 → 은행원 | Bankangestellter
2) 예술___ → ________ | ________
3) 과학___ → ________ | ________
4) 경찰___ → ________ | ________
5) 음악___ → ________ | ________
6) 변호___ → ________ | ________
7) 회사___ → ________ | ________
8) 미용___ → ________ | ________
9) 소방___ → ________ | ________
10) 연기___ → ________ | ________

3. 괄호 안의 단어를 사용해 대화를 완성하십시오.
Vervollständigen Sie den Dialog mit den eingeklammerten Wörtern.

가: ________이 뭐예요? (Beruf)
나: 저는 ________예요. (Köchin)
가: 일이 마음에 드세요?
나: 일은 적성에 맞는데 ________이 너무 적어요. (Gehalt) 게다가 요즘
갑자기 손님이 많아져서 일이 ________. (anstrengend)
그래서 다른 직장을 ________고 있어요. (Stelle suchen)

Arbeitsleben 직장 생활

4. 다음 단어들을 사용해 문장을 완성하십시오.
Vervollständigen Sie die Sätze mit den passenden Wörtern aus dem Wortspeicher.

직장 동료 • 승진 • 결근 • 재택근무 • 출장 • 회의 • 출근하다 • 회식 • 비우다 • 야근 • 퇴근하다

1) 우리 회사는 보통 아침 9시에 ________고 저녁 6시에 ________요.
2) 손님이 오셔서 사장님이 잠깐 자리를 ________요.

3) 과장님께서 업무 파트너를 만나러 어제 일본으로 ______________을 가셨어요.
4) 팀장님이 일을 잘하셔서 과장으로 ______________이 되셨어요.
5) 내일까지 업무를 처리해야 해요. 그래서 오늘 회사에 늦게까지 남아 ______________해야 할 것 같아요.
6) 오늘 일을 마치고 다 같이 서울 식당에서 ______________합시다.
7) 직장에서 함께 일하는 사람을 ______________라고 부릅니다.
8) 요즘 에너지 절약 때문에 모두 일주일 동안 ______________를 하고 있습니다.
9) 직장에서 여럿이 모여 의논하는 것을 ______________라고 말합니다.
10) 어제 갑자기 배가 많이 아파서 병원에 가느라고 ______________해야 했어요.

5. 괄호 안의 단어를 사용해 문장을 완성하십시오.
Vervollständigen Sie die Sätze mit den Wörtern in den Klammern.

1) 외국인이 한국에서 직업을 가지려면 ______________이 필요해요. (Arbeitserlaubnis)
2) 노동자와 고용주가 고용관계를 맺으려면 ______________이 필요해요. (Arbeitsvertrag)
3) 노동자들이 업무 조건을 개선하기 위해 노동조합을 통해 업무를 일시적으로 중단하는 것을 ______________이라고 해요. (Streik)
4) 자녀를 양육하기 위하여 사용하는 휴직을 ______________이라고 해요. (Elternzeit)
5) 요즘 많은 노동자들은 ______________으로 일해요. (befristeter Arbeitsvertrag)

Stellenausschreibung 직원 모집

6. 다음 직원 모집 글을 읽고 알맞은 단어를 찾아 빈 칸을 채우십시오.
Vervollständigen Sie die folgende Stellenausschreibung mit den Wörtern aus dem Wortspeicher.

담당 업무 • 접수 마감일 • 제출 서류 • 학력

초등 영어회화 선생님

오랫동안 함께 일할 수 있고 영어로만 수업이 가능한 선생님을 모집합니다.
__________: 대졸 (4년), 경력: 2년 –
우대조건: 영어 교육 전공자
__________: 초등 영어회화 선생님 (100% 영어로만 수업 가능)
근무 형태: 정규직
근무 지역: 서울 종로구
시강과 면접 전형
__________: 이력서, 자기 소개서
__________: 2023년 12월 31일

7. 다음 단어와 함께 쓸 수 없는 동사를 찾으십시오.
Finden Sie das Verb, das hier nicht kombiniert werden kann.

1) 경력이 쌓다 / 화려하다 / 부족하다 / 다양하다 / 짧다

2) 이력서를 쓰다 / 작성하다 / 제출하다 / 보내다 / 따다

Firma 회사

8. 가로세로 낱말퀴즈
Vervollständigen Sie das Kreuzworträtsel.

가로

1 Personalabteilung
3 Vertriebsabteilung
5 Versandabteilung

세로

2 Verkaufsabteilung
4 Forschung und Entwicklung
6 Produktionsabteilung

9. 단어의 뜻에 맞게 표를 완성하십시오.
Vervollständigen Sie die abgebildete Pyramide.

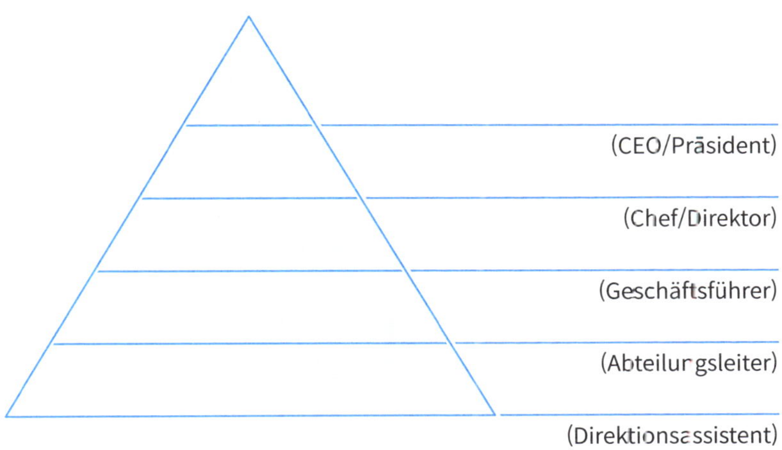

10. 다음 단어들을 사용해 문장을 완성하십시오.
Vervollständigen Sie die Sätze mit den passenden Wörtern aus dem Wortspeicher

담당하다 • 참석하다 • 처리하다 • 복사하다 • 끝나가다 • 책임지다

1) 업무를 빨리 ______________ 주세요.
2) 일이 거의 ______________니까 기다려 주세요.
3) 저는 신제품 개발일을 ______________고 있어요.
4) 서류를 2 부______________서 보내 주세요.
5) 내일 업무 회의가 있어요. 모두 ______________ 주시면 감사하겠습니다.
6) 저는 이 회사에서 재무를 ______________고 있어요.

11. 괄호 안의 단어를 사용해 대화를 완성하십시오.
Vervollständigen Sie den Dialog mit den eingeklammerten Wörtern.

가: ______________ ! 삼성 본사지요? (Hallo!)
나: 예, 맞는데요.
가: 영업부의 김민수 씨와 ______________ 수 있을까요? ((per Telefon) sprechen)
나: 실례하지만, 전화 ______________ 분은 누구세요? (wählen)
가: 삼성 독일 지사에서 근무하는 박민호입니다.
나: 잠깐만요. ______________ 드리겠습니다. (verbinden)
다: 여보세요. 영업부의 김민수입니다.

12. 맞는 답을 찾아 빈칸을 채우십시오.
Füllen Sie die Lücke mit dem korrekten Ausdruck.

1) 회사에서 하는 일을 ______________라고 합니다.
a) 경력 b) 업무 c) 가사일 d) 개업
2) 회의에서 논의해야 할 목록을 ______________라고 합니다.
a) 의제 b) 명함 c) 서류 d) 일정
3) 회의에서 말한 내용을 작성하는 것을 ______________이라고 합니다.
a) 비용 b) 도장 c) 명함 d) 회의록
4) 해야 할 일의 스케줄을 ______________이라고 합니다.
a) 업무 b) 일정 c) 결재 d) 개발
5) 사장님이 직원이 낸 안건을 검토하고 허가하는 것을 ______________라고 합니다.
a) 개발하다 b) 관리하다 c) 결산하다 d) 결재하다

Bank, Postamt, Bürgeramt
은행, 우체국, 주민 센터

13. 다음 단어들을 각각의 어휘 영역에 맞게 분류해 보십시오.
Ordnen Sie die folgenden Wörter in die jeweils passenden Wortfelder ein.

출생신고서 • 혼인 신고 • 환전하다 • 소포를 부치다 • 우표를 붙이다 • 통장을 만들다 • 전입 신고 • 신분증을 갱신하다 • 배송하다 • 사망 신고 • 송금하다

동사무소/주민센터	은행	우체국
출생신고서		

14. 다음 단어를 알맞게 연결하십시오.
Verbinden Sie richtig miteinander.

1) 대출을	a) 높다
2) 상자에	b) 갚다
3) 이자가	c) 수거하다
4) 주식에	c) 넣다
5) 우편물을	e) 투자하다

15. 같은 어휘 영역에 속하지 않는 것을 찾으십시오.
Welcher Ausdruck passt nicht in die Reihe?

1) 은행 / 통장 / 계좌번호 / 은행주 / 은행나무
2) 영수증 / 지폐 / 화폐 / 거스름돈 / 동전
3) 소포 / 주가 / 배송하다 / 편지 / 배달하다
4) 주식 / 증권 / 주주 / 펀드 / 배당금 / 귀하

16. 맞는 답을 찾아 표시하십시오.
Kreuzen Sie die richtige Antwort an.

1) 외국에 돈을 송금하기 위해 필요한 것은?
☐ a) 국제 은행계좌번호 ☐ b) 은행창구 ☐ c) 증권거래소 ☐ d) 지폐
2) 은행에서 하는 일이 아닌 것은?
☐ a) 입금하다 ☐ b) 국적을 바꾸다 ☐ c) 송금하다 ☐ d) 대출하다
3) 화폐 단위로 유로를 사용하지 않는 나라는?
☐ a) 프랑스 ☐ b) 독일 ☐ c) 영국 ☐ d) 벨기에
4) 한국의 화폐 단위는?
☐ a) 달러 ☐ b) 엔 ☐ c) 위안 ☐ d) 원
5) 은행거래를 위해 필요한 것은?
☐ a) 은행계좌 ☐ b) 혼인신고 ☐ c) 배송 ☐ d) 이자

17. 의미가 다른 단어 쌍을 찾으십시오.
Finden Sie das Wortpaar mit unterschiedlicher Bedeutung.

1) 돈을 아껴 쓰다 – 돈을 절약하다
2) 돈을 마구 쓰다 – 돈을 함부로 쓰다
3) 빚을 지다 – 빚이 없다
4) 수신인 – 받는 사람

18. 반대말을 쓰십시오.
Schreiben Sie die Antonyme der folgenden Wörter auf.

1) 보내는 사람 ↔ ____________
2) 입금하다 ↔ ____________
3) 이자가 낮다 ↔ 이자가 ____________
4) 카드를 넣다 ↔ 카드를 ____________

19. 의미가 다른 단어 쌍을 찾으십시오.
Finden Sie das Wortpaar mit unterschiedlicher Bedeutung.

1) 계좌를 만들다 – 계좌를 개설하다
2) 소포를 부치다 – 소포를 보내다
3) 돈을 저축하다 – 돈을 마구 쓰다
4) 돈을 인출하다 – 돈을 찾다

20. 현금(자동)지급기 사용법입니다. 빈칸을 채우십시오.
Hier handelt es sich um die Ansagen eines Bankautomaten. Füllen Sie die Lücken mit den in Klammern unterstrichenen Ausdrücken aus."

1) ______ 을 입력해 주십시오. (Wählen Sie Ein-/Auszahlung aus.)
2) 원하시는 ______ 를 선택해 주십시오. (Transaktion auswählen.)
3) 카드를 ______ 주십시오. (Führen Sie die Karte ein.)
4) ______ 를 입력해 주십시오. (PIN-Code eingeben.)
5) 원하시는 ______ 을 입력해 주십시오. (Betrag eingeben.)
6) 금액을 ______ 시겠습니까? (Betrag korrigieren?)
7) 금액을 ______ 주십시오. (Bestätigen Sie den Betrag.)
8) ______ 를 계속 원하십니까? (Vorgang fortsetzen?)
9) ______ 시겠습니까? (Vorgang abbrechen?)
10) 카드를 ______ 주십시오. (Entnehmen Sie Ihre Karte.)

21. 다음 단어를 사용해 대화를 완성하십시오.
Vervollständigen Sie den Dialog mit den passenden Wörtern aus dem Wortspeicher.

찾다 • 소포 (2x) • 신분증 • 우표 (3x) • 서식 용지 • 얼마나 • 추적하다 • 등기 • 부치다 • 우편물 추적 • 내용물

1) 가: 한국에서 온 ______ 를 찾으러 왔어요.
나: ______ 을 보여 주십시오.
가: 예, 여기에 있습니다.

2) 가: 여기에서 ______ 를 살 수 있나요?
나: 네, 팝니다. 몇 장 필요하세요?
가: 55센트짜리 ______ 4장과 1유로 45센트짜리 ______ 2장 주세요.
나: 전부 합쳐서 5유로 10센트입니다.

3) 가: 한국으로 ______ 를 보내고 싶습니다.
나: 그러면 여기 ______ 를 작성해 주십시오. 그리고 ______ 도 적어 주십시오.
가: ______ 걸립니까?
나: 2주 정도 걸립니다.
가: 독일에서 우편물 경로를 ______ 수 있지요?
나: 그럼요. ______ 번호가 있습니다.

4) 가: 한국으로 편지를 ______________려고 합니다.
   나: 어떻게 보내실 거예요?
   가: ______________로 보내고 싶습니다. (Einschreiben)
   나: 예, 알겠습니다.

22. 다음 빈칸에 쓸 수 없는 단어를 찾아 알맞게 답하십시오. .
Finden Sie den unpassenden Begriff und setzen Sie ihn in der richtigen Form ein.

1) 우리는 엽서를 ______________ 수 있다.
   a) 받다 b) 보내다 c) 쓰다 d) 투자하다 e) 읽다
2) 우리는 이메일을 ______________ 수 있다.
   a) 받다 b) 보내다 c) 얻다 d) 저장하다 e) 읽다 f) 쓰다
3) 사람들은 면허증을 ______________ 수 있다.
   a) 따다 b) 갱신하다 c) 분실하다 d) 체류하다 e) 발급하다
4) 사람들은 신청서를 ______________ 수 있다.
   a) 지불하다 b) 작성하다 c) 다운로드 받다 d) 제출하다 e) 접수하다

23. 다음은 편지 봉투 쓰기와 관련된 단어들입니다. 알맞게 연결하십시오. Beschriften Sie den Brief mit den Wörtern aus dem Wortspeicher.

발송인 • 수신인 • 우편번호 • 우표 • 주소

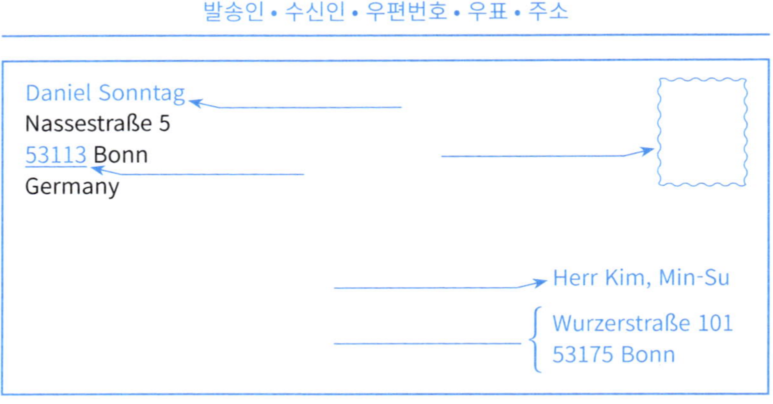

24. 편지 봉투입니다. 여러분은 한국에 있는 친구에게 편지를 보내려고 합니다. 보내는 사람의 주소와 받는 사람의 주소를 한국어로 적어 보십시오.
Tragen Sie Ihre Adresse und die unten aufgeführte Adresse Ihrer Freundin / Ihres Freundes richtig ein.

한국 친구 주소:
200 Haogae-ro, Bundang-gu, Seongnam-si, Gyeonggi-do,
Land: Republic of Korea / Südkorea, Postleitzahl: 13455

25. 가로세로 낱말 퀴즈
Vervollständigen Sie das Kreuzworträtsel.

가로

1 Bargeld
3 Rathaus/Bürgeramt
4 Bürger
6 unbefristete Aufenthaltserlaubnis
7 Ausweis
8 Wechselkurs
9 Münze

세로

2 Betrag
3 Bürgerrecht/Zivilrecht
5 Anmeldung einer Wohnung
6 Quittung
8 Geldwechsel

14 Verkehr 교통

Straßenverkehr 도로 교통
Verkehrsmittel 교통수단

1. 의미에 맞게 연결하십시오.
Verbinden Sie richtig miteinander.

1) 교통 법규	a) Zebrastreifen
2) 교통 카드	b) Verkehrspolizei
3) 횡단보도	c) Führerschein
4) 교통 경찰	d) Gasse
5) 골목길	e) Verkehrsregeln
6) 면허증	f) Linienbus
7) 기차	g) Motorrad
8) 시내버스	h) Fahrkarte
9) 오토바이	i) Zug

2. 의미가 다른 단어 쌍을 찾으십시오.
Finden Sie das Wortpaar mit unterschiedlicher Bedeutung.

1) 승차하다 – 차에 오르다
2) 차에서 내리다 – 하차하다
3) 기차가 출발하다 – 기차가 떠나다
4) 버스를 잡다 – 버스를 놓치다

3. 비슷한 말로 이루어진 단어 쌍을 찾으십시오.
Finden Sie das Wortpaar mit ähnlicher Bedeutung.

1) 출발하다 – 도착하다
2) 계단을 오르다 – 계단을 내려가다
3) 만원이다 – 텅 비다
4) 차에 타다 – 차에 오르다

4. 반대말을 쓰십시오.
Schreiben Sie die Antonyme der folgenden Wörter auf.

1) 하차하다 ↔ ________________
2) 속도를 올리다 ↔ 속도를 ____________
3) 신호를 지키다 ↔ 신호를 ____________
4) 우회전하다 ↔ ________________
5) 출발하다 ↔ ________________
6) 직진하다 ↔ ________________

5. 괄호 안의 단어를 사용해 대화를 완성하십시오.
Vervollständigen Sie die Dialoge mit den eingeklammerten Wörtern.

1) A: 오 선생님, 저 내일 역사 박물관에 가려고 합니다. 어떻게 가면 좋은가요?
B: 아, 역사 박물관이요? ________________로 이동하지 말고 ________________을 이용하세요. (Auto, Öffentliche Verkehrsmittel)
A: 아 그래요.
B: 예, 거기는 ________________가 힘들어요. (das Parken) 지하철로 가는 것이 훨씬 ________________고 빨라요. (bequem)
A: 아 그렇군요. ________________은 어디에 있나요? (U-Bahn-Station)
B: 호프가르텐 입구에서 ________________이 보일 거예요. (U-Bahn-Station) 7분 정도 걸려요.
A: ________________을 타야 하나요? (welche Nummer)
B: 고데스베르크 방향으로 가는 지하철 66번이나 63번을 타세요. 대학교 역에서 출발하면 4번째 역에서 ________________ 돼요. (aussteigen) 그렇게 멀지 않아요.
A: ________________도 갈 수 있나요? (mit dem Bus)
B: 물론이지요. 본 중앙역으로 가면 ________________이 보일 거예요. (Bushaltestelle) 610번 버스나 611번 버스를 타세요. 그러면 20분 정도 걸려요.
A: 지하철은 ________________ 오나요? (wie oft)
B: ________________를 보니까 거의 ________________ 오네요. (Fahrplan, alle 15 Minuten)
A: 아, 그렇군요. 감사합니다.

2) A: 내일 아침 6시까지 프랑크프르트 ________________에 ________________해야 해요. (Flughafen, ankommen)
B: 그럼 새벽 4시 기차를 타셔야겠네요.
A: 그래서 집에서 새벽 3시쯤에 나가려고 해요.

B: 새벽 3시에는 버스가 ________________. (nicht fahren) 지하철도 5 시부터 다닐 거예요. 택시를 타고 가세요.

A: 저희 집 근처에는 ________________이 없어요. (Taxistand)

B: 아... 독일에서는 길거리에서 택시를 ________________ 수 없어요. (anhalten) 택시를 부르려면 택시 회사에 전화를 하셔서 예약하시면 돼요.

A: 아... 그래요. 매번 저를 도와 주셔서 감사합니다.

6. 다음 글자판에서 단어 10개를 찾으십시오.
Kreisen Sie die gesuchten Begriffe ein.

Straßenbahn • Verkehrsunfall • Helm • Fahrrad • Frachtschiff • Yacht • U-Boot • Eingang • Ausgang • Flughafen

트	램	헬	멧	홍	단
교	통	사	고	자	화
면	공	차	출	전	물
요	항	입	구	거	선
트	허	잠	수	함	품

7. 맞는 답을 찾아 표시하십시오.
Kreuzen Sie die richtige Antwort an.

1) 도로에서 앞차의 위험한 상황을 알리려고 울리는 것은?
☐ a) 종소리 ☐ b) 경적 ☐ c) 신호등 ☐ d) 도로 조명

2) 차를 세워 두려고 만든 장소는?
☐ a) 공원 ☐ b) 놀이터 ☐ c) 고속도로 ☐ d) 주차장

3) 운전하다가 감시 카메라에 찍히게 되면 벌로 내는 돈은?
☐ a) 벌금 ☐ b) 보상금 ☐ c) 등록금 ☐ d) 사례금

4) 교통 사고를 내고 도망치는 것을 무엇이라고 합니까?
☐ a) 뺑소니를 친다 ☐ b) 교통 단속을 한다 ☐ c) 진입한다
☐ d) 도로공사를 한다

5) 운전할 때 준수해야 하는 것은?
☐ a) 안전운전 ☐ b) 음주운전 ☐ c) 과속운전 d) 속도 위반

8. 다음 문장을 번역하십시오.
Übersetzen Sie die folgenden Sätze.

보행자들이 신호등 앞에 서 있어요.	
	Bei Grün muss man über die Straße gehen.
차가 밀려요.	
	Wo soll ich umsteigen?
우체국 앞에서 좌회전해 주세요.	

Verkehrsschilder 교통 표지판

9. 교통 표지판의 이름을 쓰십시오.
Beschriften Sie die Verkehrsschilder.

Fahrzeugteile und Werkstatt 자동차 부품과 정비소
An der Tankstelle 주유소에서

10. 맞는 답을 찾아 표시하십시오.
Kreuzen Sie die richtige Antwort an.

1) 자동차가 고장이 나면 수리하는 곳은?
☐ a) 정류장 ☐ b) 주유소 ☐ c) 정비소 ☐ d) 주차장

2) 운전하다가 기름이 떨어지면 가는 곳은?
☐ a) 정류장 ☐ b) 주유소 ☐ c) 정비소 ☐ d) 주차장

3) 어두운 밤에 운전을 할 때 작동시키는 것은?
☐ a) 타이어 ☐ b) 모터 ☐ c) 냉각기 ☐ d) 헤드라이트

4) 우회전을 하려고 할 때 켜야 하는 것은?
☐ a) 깜빡이등 ☐ b) 헤드라이트 ☐ c) 후진등 ☐ d) 브레이크등

5) 운전 중에 비가 많이 와서 앞이 잘 안 보일 때 켜야 하는 것은?
☐ a) 비상등 ☐ b) 와이퍼 ☐ c) 백미러 ☐ d) 후미등

6) 주유소에서 하는 일은?
☐ a) 차를 팔다 ☐ b) 차를 구입하다 ☐ c) 연료를 채우다 d) 차를 정비하다

11. 다음 단어를 알맞게 연결하십시오.
Verbinden Sie richtig miteinander.

1) 안전벨트를 — a) 밟다
2) 기어를 — b) 매다
3) 브레이크를 — c) 채우다
4) 시동을 — d) 넣다
5) 연료를 — e) 맡기다
6) 수리를 — f) 끄다

12. 의미에 맞게 연결하십시오.
Verbinden Sie richtig miteinander.

1) 세차하다 — a) tanken
2) 안전벨트를 풀다 — b) Auto waschen
3) 조수석에 앉다 — c) Navi einschalten
4) 네비게이션을 켜다 — d) Reifenpanne haben
5) 주유하다 — e) auf der Beifahrerseite sitzen
6) 타이어가 펑크나다 — f) sich abschnallen

13. 다음 텍스트를 읽고 물음에 답하십시오.
Lesen Sie den Text und beantworten Sie die darauffolgenden Fragen.

주유소

최근 기름값이 많이 오르면서 저렴한 주유소나 셀프 주유소를 이용하는 사람이 점점 늘어나고 있다. 그 결과 주유소에서 일하는 직원의 수가 줄어들고 있다. 셀프 주유를 할 경우 몇 가지 사항에 주의해야 한다.

먼저 차량에 따른 기름의 종류 (휘발유, 경유)와 주유 용량을 잘 파악해야 한다. 그리고 주유를 하기 전에 시동을 끄는 것이 좋다. 시동이 켜진 상태에서 주유를 하게 되면 기름이 엔진으로 들어가서 차가 고장날 수 있다. 또한 성격이 급한 사람들은 급유노즐을 빼지도 않고 출발하는 경우가 있는데 그럴 경우 급유노즐이 손상을 입을 수도 있다. 따라서 주유가 끝난 후에 급유노즐을 빼고 주유기에 다시 걸어둔 후에 출발하는 것을 잊지 말아야 한다.

Vokabelhilfe: 경유 Gasöl, 주유 용량 Tankvolumen

1) 왜 주유소 직원들의 수가 줄어들고 있습니까?
2) 주유를 할 때 차주인이 알아야 되는 사항은 무엇입니까?
3) 주유를 할 때 차의 시동을 꺼야 하는 이유는 무엇입니까?

15 Urlaub und Reise 휴가와 여행

Ferien und Urlaub 방학과 휴가

1. 다음 두 단어와 함께 사용할 수 있는 동사를 골라서 쓰십시오.
   Ordnen Sie die Verben im Wortspeicher den folgenden Nomina richtig zu.

시작되다 • 보내다 • 즐기다 • 짧다 • 얻다 • 내다 • 길다 • 끝나다 • 받다 • 지나가다

1) 방학이: ______________________
2) 휴가를: ______________________

2. 단어의 뜻에 맞게 빈 칸을 채우십시오.
   Vervollständigen Sie die Tabelle.

출산 휴가	
	bezahlter Urlaub
연차 휴가	
	Sonderurlaub
단기 휴가	
	langer Urlaub

3. 알맞은 여행 종류를 찾아서 쓰십시오.
   Ordnen Sie die Wörter aus dem Wortspeicher richtig zu.

신혼 여행 • 당일 여행 • 출장 • 크루즈 여행 • 배낭 여행 • 어학 연수 • 패키지 여행 • 세계 여행 • 해외여행

1) 민수 씨가 간편한 차림으로 독일의 여러 도시를 관광했어요.
   (______________)
2) 사장님은 미국에 중요한 회의가 있어서 미국으로 가셨어요.
   (______________)
3) 저는 이번에 여행사에서 일정을 짠 여행 상품을 선택했어요.
   (______________)

4) 드디어 다음 주에 비행기를 타고 외국으로 여행가요.
( )

5) 지난 주에 결혼식을 마치자마자 파리로 떠났어요.
( )

6) 다른 나라 사람들이 어떻게 사는지 궁금해서 오랫동안 여러 나라를 구경했어요.
( )

7) 영어 실력을 향상시키기 위해 1년간 캠브리지 대학교에서 공부할 거예요.
( )

8) 저는 보통 아침 일찍 출발해서 그 날 저녁 늦게 돌아오는 여행을 좋아해요.
( )

9) 며칠 동안 큰 배를 타고 해안과 섬을 구경할 거예요.
( )

4. 같은 어휘 영역에 속하지 않는 것을 찾으십시오.
Welcher Ausdruck passt nicht in die Reihe?

1) 박물관 / 미술관 / 박람회 / 전시회 / 예식장
2) 찜질방에 가다 / 사우나에 가다 / 캠핑하러 가다 / 온천장에 가다
3) 긴장을 풀다 / 알바하다 / 푹 쉬다 / 휴식을 취하다
4) 추천하다 / 캠핑하다 / 등산가다 / 야영하다

5. 알맞은 답을 찾아 쓰십시오.
Vervollständigen Sie die Sätze mit den Wörtern im Wortspeicher.

역사 박물관 • 동물원 • 교회 • 식물원 • 전망대 • 수족관

1) ________________에 가면 다양한 종류의 물고기를 볼 수 있다.
2) ________________에 가면 하나님께 기도를 할 수 있다.
3) ________________에 가면 여러 가지 식물을 직접 볼 수 있다.
4) ________________에 올라가면 도시 야경을 한눈에 볼 수 있다.
5) ________________에 가면 한 나라가 살아온 과거사에 대해서 배울 수 있다.
6) ________________에 가면 코끼리, 원숭이, 기린과 같은 야생동물을 볼 수 있다.

6. 의미에 맞게 연결하십시오.
Verbinden Sie richtig miteinander.

1) 가족 티켓	a) Familienticket
2) 소인	b) Gruppenermäßigung
3) 공짜로/무료로	c) letzter Einlass
4) 입장권	d) Eintrittsgebühr
5) 대인	e) umsonst/gratis
6) 할인	f) Eintrittskarte
7) 단체 할인	g) Erwachsener
8) 입장 마감	h) Kind
9) 입장료	i) Ermäßigung

7. 다음 질문에 대답하십시오.
Antworten Sie auf die folgenden Fragen.

1) 여행지 및 여행비용에 대한 정보를 얻을 수 있는 곳은? __________
2) 여행 수요가 많은 시기를 의미하는 말은? __________
3) 외국 여행을 할 때 반드시 지참해야 하는 신분증은? __________
4) 먼 외국으로 여행을 가서 평소 리듬이 깨지는 원인은? __________
5) 공항에서 세금을 내지 않고 물건을 살 수 있는 곳은? __________

Unterkünfte 숙소

8. 다음 글자판에서 단어 12개를 찾으십시오.
Kreisen Sie die gesuchten Begriffe ein.

Reservierung • Wertgegenstände • Hotel • Nichtraucherzimmer • Airbnb • Lobby • Rezeption • Motel • Pension • Frühstück • Weckservice • Raucherzimmer

귀	중	품	친	루	호	효	예
시	혀	코	프	더	텔	하	약
금	연	실	모	론	응	모	바
민	스	아	닝	흡	트	미	텔
박	비	키	콜	연	태	버	자
로	조	식	므	실	크	펜	션

9. 다음 단어들을 사용해 문장을 완성하십시오.
Vervollständigen Sie die Sätze mit den passenden Wörtern aus dem Wortspeicher.

Badewanne • reservieren (2x) • Einzelzimmer • Raucherzimmer • Bett • Frühstück • Übernachtungskosten (2x) • übernachten

A: 안녕하세요? 한국 호텔입니다.

B: 안녕하세요? 방을 ____________________ 싶습니다.

A: 성함이 어떻게 되십니까?

B: 김 민수입니다.

A: 얼마나 ____________________ 예정입니까?

B: 9월 21일부터 9월 28일까지 일주일간 서울에 있을 겁니다. 6박 7일로 해 주세요.

A: 예, 알겠습니다. 어떤 방을 원하세요? 2인실을 원하세요?

B: 아니요, 1인실로 __________________가 두 개 있는 방으로 주세요. 그리고 샤워실 보다 __________________가 있었으면 합니다.

A: 예, __________________을 원하십니까?

B: 아니요. 금연실로 해 주세요. 하룻밤 __________________는 얼마입니까?

A: 하루 __________________는 13만원입니다.

B: 여기에 __________________이 포함되어 있습니까?

A: 예, 그렇습니다.

B: 그럼, 제 이름으로 __________________주세요.

A: 예, 감사합니다.

Am Strand und auf dem Campingplatz
해변가와 캠핑장에서

10. 다음 단어들을 어휘 영역에 맞게 분류하십시오.
Ordnen Sie die folgenden Wörter in Strand und Camping ein.

손전등 • 비치 파라솔 • 주머니칼 • 캠핑카 • 모기장 • 바베큐 석쇠 • 해수욕장 • 번개탄 • 서핑하다 • 캠핑 용품 • 모래성 • 모닥불 • 모래 • 야영지 • 등산화 • 파도 • 텐트 • 수상 스키를 타다 • 침낭

캠핑	해변가

11. 다음 단어를 알맞게 연결하십시오.
Verbinden Sie richtig miteinander.

1) 모닥불을
2) 선크림을
3) 비치 타월을
4) 물놀이를
5) 모기약을
6) 텐트를
7) 챙모자를

a) 하다
b) 깔다
c) 피우다
d) 바르다
e) 치다
f) 쓰다
g) 뿌리다

Am Bahnhof und am Flughafen 기차역과 공항에서
Auf Schiffsreise 유람선 여행에서

12. 괄호 안의 단어를 사용해 대화를 완성하십시오.
Vervollständigen Sie den Dialog mit den eingeklammerten Wörtern.

가: 안녕하세요.

나: 프랑크푸르트 공항으로 가는 표 ______________ 주세요. (eine Fahrkarte)

가: ______________ 요. (einfach) ______________ 이요? (hin und zurück)

나: ______________ 으로 주세요. (hin und zurück)

가: 몇 시에 ______________ 건가요? (abfahren)

나: 12시쯤에 ______________ (아/어서) 오후 2시 30분전에 ______________ 려고 합니다. (abfahren, ankommen)

가: ______________ 을 ______________ 시겠습니까? (einen Platz reservieren)

나: 예. ______________ 싶습니다. (reservieren) 이 기차는 바로 프랑크푸르트 공항으로 갑니까? 아니면 중간에 ______________ 야 합니까? (umsteigen)

가: 먼저 ICE를 타고 프랑크푸르트 암 마인 역에서 ______________ 로 한 번 ______________ 셔야 합니다. (in einen anderen Zug umsteigen) 바로 그 다음 역이 공항역입니다.

나: 많이 기다려야 합니까?

가: 아니요. ICE가 오후 3시 30분에 ______________고 10분 후에 바로 반대편 ______________에서 타시면 됩니다. (ankommen, Bahnsteig) 자, 여기 프랑크푸르트 공항 왕복 티켓입니다.

나: 예, 감사합니다.

가: 즐거운 여행되세요.

13. 다음 질문의 답을 글자판에서 찾으십시오.
Lesen Sie sich die Sätze durch und kreisen Sie anschließend alle gesuchten Begriffe ein.

공	항	면	원	비
탑	국	세	람	즈
승	제	점	비	니
권	선	기	상	스
면	니	장	구	석
승	무	원	안	전

1) 비행기를 타기 전에 보여주는 표는?
2) 비행기가 뜨고 내리는 곳은?
3) 비행기 안에서 위급한 상황이 발생했을 때 비행기를 탈출하는 장소는?
4) 비행기 안에서 승객을 돌보고 음료나 식사를 주는 사람은?
5) 이코노미석보다 비싸고 일등석보다 싼 좌석은?
6) 국가와 국가를 연결하는 비행노선은?
7) 항공기를 조종하는 사람은?
8) 공항에서 세금이 면제되어 물건을 싸게 살 수 있는 곳은?
9) 비행 중에 비행기가 흔들리면 ________ 벨트를 하고 자리에서 일어나지 말아야 한다.

14. 의미에 맞게 연결하십시오.
Verbinden Sie richtig miteinander.

1) 정시에	앉다	Visum erhalten
2) 비자를	예약하다	Sitzplatz einnehmen
3) 비행기를	하다	sich anschnallen
4) 안전벨트를	놓치다	den Flug verpassen
5) 좌석에	받다	pünktlich ankommen
6) 항공편을	도착하다	Flug buchen
7) 무임 승차를	매다	schwarzfahren

15. 다음은 글자 순서가 뒤바뀐 단어들입니다. 올바른 순서로 고치십시오.
Bringen Sie die Silben der folgenden Wörter wieder in die richtige Reihenfolge.

1) 역차기	기차역	6) 석이노미코	
2) 하수물		7) 벨전안트	
3) 판광전		8) 국선내	
4) 소표매		9) 행비표기	
5) 공항사		10) 체인크	

16. 다음 단어를 알맞게 연결하십시오.
Verbinden Sie richtig miteinander.

1) 항구	a) Segelschiff
2) 선장	b) Hafen
3) 돛단배	c) Wellen
4) 파도	d) Kapitän
5) 해적	e) Matrose
6) 닻	f) Seekrankheit
7) 선원	g) Anker
8) 배멀미	h) Piraten

17. 다음 단어들을 사용해 문장을 완성하십시오.
Vervollständigen Sie die Sätze mit den passenden Wörtern aus dem Wortspeicher.

선박 • 공항 게이트 • 수하물 • 플랫폼 번호 • 왕복 • 등대 • 전광판 • 비자

1) 공항에 도착하면 ________________을 보고 여러 가지 정보를 얻어요.
2) 바다를 이용하는 ________________들이 밤에 안전하게 운항하기 위해서는 ________________가 필요해요.
3) 외국인이 한국에 3개월 이상 거주하려면 ________________를 받아야 해요.
4) 사람들은 체크인을 하고 나서 일반적으로 ________________에서 기다려요.
5) 독일에는 철도 노선이 많아서 복잡해요. 타기 전에 ________________를 꼭 확인해야 돼요.
6) ________________의 무게가 기준보다 초과하면 추가로 돈을 더 내야 해요.
7) 진영 씨는 여행지에 갔다가 돌아올 것을 생각해서 ________________ 표를 구매했어요.

18. 다음 단어를 알맞게 연결하십시오.
Verbinden Sie richtig miteinander.

1) 구명조끼를
2) 암초에
3) 구명튜브를
4) 대피를
5) 해난을
6) 조난 신호를

a) 던지다
b) 하다
c) 보내다
d) 부딪히다
e) 당하다
f) 착용하다

19. 다음 텍스트를 읽고 내용이 맞는지 틀리는지 대답하십시오.
Lesen Sie den folgenden Text und entscheiden Sie, ob die darauffolgenden Aussagen richtig oder falsch sind.

해외 여행

예전에는 자동차나 기차를 타고 국내 가까운 지역으로 당일 여행을 갔는데 요즘은 비행기를 타고 해외여행을 떠나는 사람들이 점점 늘어나고 있다. 방학을 하거나 연휴를 맞이하면 인천 공항 출국장과 입국장에는 해외에서 오는 여행객과 해외로 여행가고자 하는 관광객들로 붐비고 있다. 심지어 밤늦은 시간까지도 인천 공항 출국장에는 공항 보안 검사 절차나 항공권 확인 등으로 많은 관광객들이 줄지어 서 있는 것을 볼 수 있다. 그래서 해외 여행을 계획할 때에는 공항에 3시간 전에 여유 있게 도착해서 체크인을 하는 것이 중요하다.

그뿐만 아니라 해외여행에 대해 수요가 많아지면서 배를 이용한 해외여행도 관심을 끌고 있다. 무엇보다 크루즈 여행은 선실에 앉아 바다 풍경을 볼 수도 있고 배의 갑판에 서서 불어오는 시원한 바닷바람을 마음껏 즐길 수 있다는 장점이 있다. 하지만 파도가 심하게 쳐서 배가 흔들리면 배멀미를 할 수 있기 때문에 유람선 여행을 시작하기 1시간 전에는 멀미약을 복용하는 것이 중요하다.

1) 인천 공항의 출국장에서만 관광객들을 많이 볼 수 있다. richtig | falsch
2) 인천 공항은 밤에 문을 닫아 매우 조용하다. richtig | falsch
3) 방학에는 공항에 여유있게 도착하는 것이 중요하다. richtig | falsch
4) 크루즈 여행에 대한 관심이 높아지고 있다. richtig | falsch
5) 유람선을 타고 나서 멀미약을 복용하는 것이 중요하다. richtig | falsch

16 Hobbys und Freizeit 취미와 여가

Hobbys und Freizeit 취미와 여가

1. 알맞은 동사를 찾아 쓰십시오.
Ordnen Sie die folgenden Verben aus dem Wortspeicher korrekt zu.

하다 • 타다 • 치다 • 찍다 • 추다 • 그리다

운동을	
춤을	
기타를	
그림을	
사진을	
말을	

2. 괄호 안의 단어를 사용해 대화를 완성하십시오.
Vervollständigen Sie den Dialog mit den eingeklammerten Wörtern.

A: 취미가 뭐예요?
B: 제 취미는 ________________ 예요. (Radfahren)
C: 저는 ________________ 과 ________________ 를 좋아합니다. (Schwimmen, Lesen)
D: 시간이 나면 ________________ 나 ________________ 을 보러 가요. (Film, Theaterstück)
E: ________________ 이 제 취미예요. (Musikhören)
F: 취미로 ________________ 을 즐겨 ________________. (Fotografieren)
G: 제 취미는 ________________ 와 ________________ 이에요. (Kochen und Reisen)

Sport 운동

3. 의미에 맞게 연결하십시오.
Verbinden Sie richtig miteinander.

1) 축구	a) Badminton
2) 농구	b) Tennis
3) 배구	c) Fußball
4) 야구	d) Baseball
5) 핸드볼	e) Basketball
6) 골프	f) Handball
7) 탁구	g) Volleyball
8) 테니스	h) Golf
9) 배드민턴	i) Tischtennis

4. 주어진 어휘 영역에 속하지 않는 것을 찾으십시오.
Welcher Ausdruck passt nicht in die Reihe?

1) 동계 스포츠: 스키 / 피겨스케이팅 / 썰매 / 탁구 / 스피드 스케이팅
2) 수상 스포츠: 수영복 / 물안경 / 바통 / 잠수복 / 서핑 보드 / 카누
3) 무술: 높이뛰기 / 유도 / 태권도 / 합기도 / 씨름 / 검도
4) 올림픽 경기: 하계 올림픽 / 동계 올림픽 / 금메달 / 눈싸움 / 오륜기

5. 다음 글자판에서 단어 5개를 찾으십시오.
Kreisen Sie die gesuchten Begriffe ein.

erste Halbzeit • zweite Halbzeit • Verwarnung • Schiedsrichter • Fußballspieler

마	돌	후	산	소	대
축	전	반	전	판	군
구	라	전	부	개	경
선	우	새	줄	치	고
수	쿠	나	심	판	이

6. 다음 단어와 함께 쓸 수 없는 동사를 찾으십시오.
Finden Sie das Verb, das hier nicht kombiniert werden kann.

1) 경기가	시작되다 끝나다 연기되다 공격하다	3) 골을	차다 울다 넣다 막다
2) 메달을	지다 받다 수여하다 걸다	4) 음악을	듣다 감상하다 웃다 틀다

Tanz und Musik 춤과 음악

7. 괄호 안의 단어를 사용해 대화를 완성하십시오.
Vervollständigen Sie die Dialoge mit den eingeklammerten Wörtern.

1) 가: 어떤 악기를 ______________하세요? (spielen)
나: 저는 ______________를 ______________ 줄 알아요. (Klavier spielen)
가: 언제부터 ______________기 시작했어요? (spielen)
나: 일곱 살 때부터요.
가: 우와! 참 부러워요. 저는 다룰 수 있는 악기가 없어요.

2) 가: 음악을 자주 ______________? (hören)
나: 그럼요. 일할 때나 쉴 때는 ______________가 (Liedtext) 없는 음악이나 조용한 ______________를 들어요. (Jazz)
가: 춤도 좋아해요? 한국의 부채춤이나 탈춤을 ______________ (tanzen) 본 적이 있어요?
나: 아니요, 없어요. 한국에 갔을 때 한국 민속촌에서 부채춤 ______________ (Aufführung)을 봤어요. 그리고 안동 하회마을에 놀러 갔을 때 사람들이 다양한 탈을 ______________고 춤을 ______________는 것을 봤어요. (tragen, tanzen) 나중에 한번 배워 보고 싶어요.

8. 다음 동사와 함께 쓸 수 없는 악기를 찾으십시오.
Finden Sie jeweils ein Instrument, welches hier nicht kombiniert werden kann.

1) 기타를 피아노를 드럼을 플루트를 북을 — 치다	3) 오보에를 트럼펫을 첼로를 색소폰을 하모니카를 — 불다
2) 탬버린을 비올라를 바이올린을 첼로를 — 켜다	

Bücher und Lesen 책과 독서

9. 괄호 안의 단어를 사용해 텍스트를 완성하십시오.
Vervollständigen Sie die Texte mit den eingeklammerten Wörtern.

나의 취미

제 취미는 ______________ (Lesen)입니다. 어렸을 때부터 책을 즐겨 읽었어요. 학교 다닐 때 친구들과 서로 ______________ (Comic)나 ______________ (Märchen), 그리고 여러 장르의 ______________ (Romane)을 빌려서 함께 읽었고 우리는 책 ______________ (Inhalt)에 대해서 자주 이야기를 하곤 했어요. 그런데 요즘은 학교 숙제가 너무 많아서 책을 ______________ (lesen) 시간이 별로 없어요. 그래서 많이 아쉬워요.

도서 추천

요즘 정유정 ______________가 (Schriftsteller) 쓴 ______________ (Roman) “7년의 밤”을 읽고 있습니다. 이 책의 ______________는 (Genre) ______________ (이)라고 (Thriller) 볼 수 있습니다. 책의 ______________가 (Resümee) 흥미롭고 긴장감을 줍니다. 지난주 도서관에서 ______________가 (Lesung) 열렸습니다. 거기에서 ______________와 (Schriftsteller) ______________가 (Leser) 책의 ______________와 (Thema) ______________에 대해 (Figuren) 토론하는 것을 보고 이 책을 좋아하게 되었습니다. 여러분에게도 이 책을 추천하고 싶습니다.

Kino und Theater 극장과 연극

10. 단어의 뜻에 맞게 빈 칸을 채우십시오.
Vervollständigen Sie die Tabelle.

주연 배우	
	Untertitel
영화 감독	
	Filmkritiker
미성년자 관람 불가	
	Kinokasse

11. 다음 단어를 알맞게 연결하십시오.
Verbinden Sie richtig miteinander.

1) 상을 — a) 공연하다
2) 연극을 — b) 쓰다
3) 대사를 — c) 수상하다
4) 시나리오를 — d) 뛰어나다
5) 연기력이 — e) 예매하다
6) 표를 — f) 암기하다

12. 다음 단어를 사용해 대화를 완성하십시오.
Vervollständigen Sie den Dialog mit den passenden Wörtern aus dem Wortspeicher.

좌석 • 액션 영화 • 관객 • 다큐멘터리 • 공포 영화 • 상영 중 • 공상 과학 영화 • 박수 • 영화 배우 • 극장 • 연극 • 예고편

가: 베를린에서 공연 중인 <로미오와 쥴리엣>을 봤어요?
나: 아니요, 저는 ____________ 보다 영화를 더 좋아해서 ____________ 에 자주 가는 편이에요.
가: 그럼 무슨 영화를 좋아해요?
나: 우리가 상상하는 우주에서 살아가는 사람들이나 우리의 미래를 보여주는 ____________ 를 좋아해요.

가: 아, 그래요. 저는 액션 장면이 나오는 ________________가 좋아요.

나: 혹시, 싫어하는 영화가 있어요?

가: 예, 사람들을 잔인하게 죽이는 ________________는 정말 싫어요. 밤에 너무 무서워서 잠을 못 자요.

나: 저도 마찬가지예요.

가: 오늘 일을 마치고 저녁에 영화를 보러 갈래요?

나: 지금 무슨 영화가 ________________이에요?

가: 이번에 오스카 상을 받은 최신 한국영화를 봤어요?

나: 아니요, ________________만 봤어요.

가: 그럼 이 영화 보러 갈까요?

나: 좋아요. 우리 보러 가요.

17 Zeit und Datum 시간과 날짜

Zeit und Uhrzeit 시간

1. 지금 몇 시입니까?
Wie viel Uhr ist es jetzt?

2. 괄호 안의 단어를 사용해 대화를 완성하십시오.
Vervollständigen Sie die Dialoge mit den eingeklammerten Wörtern.

1) A: 김 선생님, 보통 몇 시에 일어나세요?
B: 보통 ____________________에 일어나요. (7 Uhr 30) 주말에는 한 시간 더 늦게 일어나요.
A: 아, 일찍 일어나시네요. 그럼 보통 몇 시에 주무세요?
B: 보통 주중에는 ____________________에 자고 주말에는 ____________________에 자요. (gegen 11 Uhr, gegen 12 Uhr)

2) A: 보통 하루에 몇 시간 일하세요?
B: 하루에 ____________________ 일해요. (8 Stunden)
A: 그럼, 일주일에 ____________________ 일하시는군요. (40 Stunden)
B: 네, 그렇습니다.
A: 출퇴근 시간은 어떻게 되세요?
B: ____________________에 출근해서 ____________________에 퇴근해요. (AM 9 Uhr, PM 5 Uhr).

3) A: 본에서 베를린까지 얼마나 걸려요?
B: 보통 기차로 가면 ____________________ 걸려요. (5 Stunden 30 Minuten) 그런데 자동차로 가면 ____________________ 걸려요. (etwa/gegen 4 Stunden)

Datum und Wochentage 날짜와 주와 요일

3. 괄호 안의 단어를 사용해 대화를 완성하십시오.
Vervollständigen Sie den Dialog mit den eingeklammerten Wörtern.

A: 오늘은 몇 월 며칠이에요?
B: 오늘은 ________________이에요. (der 16. Juni)
A: 한글날은 몇 월 며칠이에요?
B: 한글날은 ________________이에요. (der 9. Oktober)
A: 그럼, 광복절은 몇 월 며칠이에요?
B: 광복절은 ________________이에요. (der 15. August)
A: 동생 생일이 언제예요?
B: 제 동생 생일은 ________________이에요. (der 4. Oktober)

4. 괄호 안의 단어를 사용해 대화를 완성하십시오.
Vervollständigen Sie die Dialoge mit den eingeklammerten Wörtern.

1) A: 몇 월에 태어났어요?
B: ________________에 태어났어요. (Februar)
2) A: 생년월일이 어떻게 되세요?
B: ________________이에요. (11.10.1997)
3) A: 언제 학교를 졸업했어요?
B: ________________에 졸업했어요. (Jahr 2010)
4) A: 내일은 무슨 요일이에요?
B: 내일은________________이에요. (Mittwoch)
5) A: 무슨 요일을 제일 좋아해요?
B: ________________이 가장 좋아요. (Freitag)
A: 왜요?
B: 수업이 없어서요.
6) A: 무슨 요일에 시간이 있어요?
B: ________________에 시간이 있어요.
(donnerstagnachmittags)
A: 그럼 ________________에 학교 앞 커피숍에서 만날까요?
(16 Uhr)
B: 그래요. 좋아요.

5. 다음 단어를 사용해 문장을 완성하십시오.
Vervollständigen Sie die Sätze mit den passenden Wörtern aus dem Wortspeicher.

초 • 시간 • 분 • 달 • 일 • 주

1) 한 시간은 육십 ______________ 입니다.
2) 일 분은 육십 ______________ 입니다.
3) 하루는 ______________ 입니다.
4) 일 주일은 칠 ______________ 입니다.
5) 한 달은 사 ______________ 입니다.
6) 일 년은 열두 ______________ 입니다.

6. 다음 텍스트를 읽고 물음에 답하십시오.
Lesen Sie den Text und beantworten Sie die darauffolgenden Fragen.

사라 씨의 일주일 시간표

저는 월요일에는 아주 바빠요. 오전 여덟 시 삼십 분부터 한국어 문법 수업이 있고 그 다음 바로 열 시 십오 분부터 말하기 수업이 있어요. 어학 수업이 끝나면 열두 시쯤 학생 식당에 가서 점심을 먹고 잠시 쉬어요. 그리고 오후 네 시에 역사 수업을 들으러 가요. 그래서 월요일에는 오전 여덟 시 삼십 분부터 오후 여섯 시까지 학교에 계속 있어야 해요.

화요일 오전에는 한국어 듣기 수업이 있고 오후 두 시에 한국 문화 강의가 있어요.

수요일에는 오전에 일찍 일어나지 않아도 돼요. 한국어 쓰기 수업이 오후 열두 시에 있어요. 이 수업이 끝나고 나면 도서관에 가서 세 시부터 일곱 시까지 숙제를 해요.

목요일은 제가 제일 좋아하는 날이에요. 학교 수업이 없어서 아홉 시까지 늦잠을 잘 수 있고 오후에 취미활동을 할 수있어요. 저는 테니스를 치는 것을 좋아해요. 오후 두 시에 테니스를 치러 가거나 가끔 시간이 나면 시내에 가서 쇼핑을 해요.

금요일과 토요일에는 일본 식당에서 아르바이트를 해요. 금요일에는 저녁 여섯 시부터 아홉 시까지 일하고 토요일에는 오후 두 시부터 여덟 시까지 일해요. 그래서 공부를 하거나 친구를 만날 시간이 별로 없어요.

일요일에는 늦게까지 자요. 열 시까지 자고 일어나서 아점을 먹어요.

1) 월요일에 있는 한국어 말하기 수업은 몇 시에 시작합니까?
2) 역사 수업은 무슨 요일에 있습니까?
3) 한국어 쓰기 수업은 무슨 요일, 몇 시에 있습니까?
4) 도서관에서 몇 시간 공부를 합니까?
5) 사라는 목요일에 몇 시에 일어납니까?
6) 사라는 무슨 요일에 아르바이트를 합니까?
7) 일요일에는 몇 시에 일어납니까?

Jahreszeiten 계절

7. 괄호 안의 단어를 사용해 대화를 완성하십시오.
Vervollständigen Sie den Dialog mit den eingeklammerten Wörtern.

A: 무슨 계절을 가장 좋아하세요?
B: ______________을 좋아해요. (Frühling)
A: 왜요?
B: ______________에는 날씨가 따뜻하고 예쁜 꽃들이 많이 피어서 좋아요. (Frühling) 그런데 사라 씨는 무슨 계절이 좋아요?
A: 저는 ______________이 좋아요. (Winter)
B: 어머, 왜요?
A: 크리스마스 방학이 있고 제 생일도 ______________에 있어요. (Winter) 그리고 차가운 바람도 좋고 눈도 아주 좋아해요.

8. 다음 글자판에서 단어 7개를 찾으십시오.
Kreisen Sie die gesuchten Begriffe ein.

Die vier Jahreszeiten • Spätherbst • jedes Jahr • gerade/sofort • Juli • nächste Woche • eine Woche

매	사	늦	가	을
다	년	계	방	금
음	칠	링	절	로
주	월	일	주	일

9. 맞는 답을 찾아 표시하십시오.
Kreuzen Sie die richtige Antwort an.

1) 스키타기에 좋은 계절은 언제입니까?
☐ a) 한여름 ☐ b) 이른 봄 ☐ c) 가을 ☐ d) 겨울

2) 곡식을 거두는 계절은 언제입니까?
☐ a) 봄 ☐ b) 여름 ☐ c) 가을 ☐ d) 겨울

3) „꽃이 열매를 맺는다“라는 말에서 생겨난 계절의 이름은 무엇입니까?
☐ a) 봄 ☐ b) 여름 ☐ c) 가을 ☐ d) 겨울

4) 어버이 날은 몇 월 며칠입니까?
☐ a) 오월 오일 ☐ b) 오월 팔일 ☐ c) 시월 구일 ☐ d) 시월 삼일

5) 한국 전쟁은 언제 일어났습니까?
☐ a) 천구백사십오년 유월 육일
☐ b) 천구백오십년 유월 이십오일
☐ c) 천구백오십년 오월 십팔일
☐ d) 천구백오십삼년 팔월 십오일

10. 같은 어휘 영역에 속하지 <u>않는</u> 것을 찾으십시오.
Welcher Ausdruck passt <u>nicht</u> in die Reihe?

1) 사계절 / 늦가을 / 한겨울 / 여름 / 소낙비 / 봄
2) 동쪽 / 요일 / 금요일 / 월요일 / 일주일 / 일요일
3) 달력 / 월 / 년 / 주 / 유월 / 일초
4) 내일 / 오늘 / 모레 / 어제 / 그제 / 여기 / 그저께

11. 반대말로 이루어진 단어 쌍을 찾으십시오.
Finden Sie das Wortpaar mit gegensätzlicher Bedeutung.

1) 정초에 – 연말에
2) 올해 – 금년에
3) 미래에 – 장래에
4) 옛날에 – 예전에

12. 비슷한 말로 이루어진 단어 쌍을 찾으십시오.
Finden Sie das Wortpaar mit gleicher Bedeutung.

1) 요즈음 – 조만간
2) 최근에 – 미래에
3) 연초에 – 정초에
4) 과거 – 오늘날

13. 비슷한 말로 이루어진 단어 쌍을 찾으십시오.
Finden Sie das Wortpaar mit gleicher Bedeutung.

1) 작년 – 지지난해
2) 사주 – 넉달
3) 석달 – 일개월
4) 매일 – 날마다

14. 의미가 다른 단어 쌍을 찾으십시오.
Finden Sie das Wortpaar mit unterschiedlicher Bedeutung.

1) 정각에 – 정시에
2) 일찍 – 늦게
3) 그제 – 그저께
4) 어저께 – 어제

15. 의미에 맞게 연결하십시오.
Verbinden Sie richtig miteinander.

1) 지난주에	a) Gegenwart
2) 현재	b) den ganzen Tag
3) 요즘	c) letzte Woche
4) 몇 년 전부터	d) die ganze Nacht
5) 하루 종일	e) zurzeit
6) 밤새도록	f) seit Jahren

18 Beschreibung von Gegenständen 사물 묘사하기

Farben und Helligkeit 색과 명암
Formen und Figuren 형태와 도형

1. 의미에 맞게 연결하십시오.
Verbinden Sie richtig miteinander.

1) 알록달록하다	a) sich verfärben
2) 밝다	b) Kreis
3) 컴컴하다	c) quadratisch sein
4) 연한 색	d) hell sein
5) 동그라미	e) farbig und bunt sein
6) 네모나다	f) stockdunkel sein
7) 변색되다	g) helle Farbe

2. 같은 어휘 영역에 속하지 <u>않는</u> 것을 찾으십시오.
Welcher Ausdruck passt <u>nicht</u> in die Reihe?

1) 흐리다 / 선명하다 / 연하다 / 각이 지다 / 짙다
2) 동그라미 / 모서리 / 반원 / 타원형 / 빨강
3) 하얗다 / 어둡다/ 까맣다 / 파랗다 / 노랗다
4) 컴컴하다 / 희미하다 / 침침하다 / 눈부시다 / 흐릿하다
5) 진하다 / 길쭉하다 / 볼록하다 / 오목하다 / 반듯하다

3. 괄호 안의 단어를 사용해 대화를 완성하십시오.
Vervollständigen Sie den Dialog mit den eingeklammerten Wörtern.

A: 유미 씨는 어떤 색을 좋아하세요?

B: 글쎄요. 예전에는 ________________ 을 좋아했는데 (hell violett) 지금은 ________________ 과 ________________ 이 좋아요. (Grün und Blau)
율리아 씨는 특별히 좋아하는 색이 있어요?

A: 저는 특별히 좋아하는 색이 없어요. 낮에 하늘이 파라면 ________________ 이 (Blau) 좋고 저녁에 하늘이 빨갛게 물들면 ________________ 드(Rot) 좋아요. 그런데 빨간 옷은 안 입어요. 유미 씨도 저처럼 잘 입지 않는 옷의 색이 있나요?

B: 네. 저도 피부가 ____________지 않고 (weiß sein) 머리카락이 ____________(아/어서) (schwarz) 가능하면 검은색 옷을 안 입는 편이에요. 제게 잘 안 어울려요.

4. <보기>처럼 서술적 표현, 수식구 그리고 수식구의 의미를 쓰십시오.
Füllen Sie wie im Beispiel die folgende Tabelle aus.

<보기>	**서술적 표현**	**수식구**	**의미**
피부가 하얗다/희다	피부가 하얘요./희어요	하얀/흰 피부	weiße/helle Haut
1) 얼굴이 빨갛다			
2) 하늘이 파랗다			
3) 양말이 까맣다			
4) 지갑이 노랗다			
5) 방이 어둡다			
6) 방이 밝다			

5. 괄호 안의 단어를 사용해 대화를 완성하십시오.
Vervollständigen Sie den Dialog mit den eingeklammerten Wörtern.

A: 손님, 뭐 찾으세요?

B: 핸드백을 사려고 하는데요.

A: 네, 이거 어떠세요?

B: ____________ 가방말고 ____________ 가방은 없나요? (quadratisch, rund)

A: 예, 있습니다. 잠시만 기다리세요. 이거 어떠세요?

A 이건 색이 너무 ____________고 알록달록해서 눈이 부셔요. (rot) 혹시 다른 색은 없나요?

A: 잠깐만 기다리세요. ____________도 (Gelb) 있어요. 요즘 이 색이 유행이에요.

B: 아... 그래요. 이 색은 제 취향이 아니여서... 혹시 ____________이나 ____________은 없나요? (Dunkelgrün, Dunkelblau)

A: 아. 죄송합니다. 여행 가방은 어두운 색이 있는데 핸드백은 없습니다.

B: 그럼, 다음에 올게요. 안녕히 계세요.

Maße und Maßeinheiten 수량과 단위

6. <보기>처럼 동사를 명사화한 뒤 그 의미를 쓰십시오.
Füllen Sie wie im Beispiel die folgende Tabelle aus.

<보기>	명사구	의미
강이 깊다	강의 깊이	Tiefe des Flusses

1) 산이 높다		
2) 방이 넓다		
3) 창문이 크다		
4) 한강 다리가 길다		

7. 맞는 답을 찾아 표시하십시오.
Kreuzen Sie die richtige Antwort an.

1) 무게를 다는 데 필요한 것은?
☐ a) 온도계 ☐ b) 저울 ☐ c) 삼각자 ☐ d) 자

2) 길이를 잴 때 필요한 물건은?
☐ a) 온도계 ☐ b) 저울 ☐ c) 나침반 ☐ d) 자

3) 각이 세 개인 모양을 무엇이라고 합니까?
☐ a) 육각형 ☐ b) 삼각형 ☐ c) 원형 ☐ d) 마름모

4) 넓이와 높이를 가진 물건이 공간에서 차지하는 크기를 무엇이라고 합니까?
☐ a) 피부 ☐ b) 부피 ☐ c) 길이 ☐ d) 너비

5) 트럭이나 배의 용적(Volumen)을 나타내는 단위를 무엇이라고 합니까?
☐ a) 부피 ☐ b) 그램 ☐ c) 톤 ☐ d) 킬로미터

8. 다음 단어들을 사용해 문장을 완성하십시오.
Vervollständigen Sie die Sätze mit den passenden Wörtern aus dem Wortspeicher.

저울 (2x) • 거리 • 리터 • 가로 • 미터 • 그램 • 제곱미터 • 양 • 킬로미터 • 크기 • 세로 • 킬로그램

1) 정육점에 가서 „삼겹살 한 근만 주세요“라고 주문하면 정육점 주인은 삼겹살을 잘라 ____________에 올립니다. 이때 ____________에 나온 숫자는 600____________입니다.
2) 하루에 적어도 2____________ 정도의 물을 마시는 것이 좋습니다.
3) 할머니 댁에 자주 가고 싶은데 ____________가 멀어서 잘 안 가게 돼요.
4) 집의 크기는 ____________로 측정합니다.
5) 비행기 안으로 들고 탈 수 있는 작은 가방의 무게는 15____________ 이하입니다.
6) 백두산의 높이는 2750____________이고 한강의 길이는 약 480____________입니다.
7) 고급 레스토랑은 음식이 비싼데 ____________이 너무 적어요. 그래서 전식, 주메뉴 그리고 후식을 다 먹어야 배가 불러요.
8) 예전에 한국 사람들은 위에서 아래로, 다시 말해 ____________ 방향으로 글을 썼는데 요즘에는 왼쪽에서 오른쪽으로, 즉 ____________ 방향으로 써요.

9. 다음 단어를 알맞게 연결하십시오.
Verbinden Sie richtig miteinander.

1) 선을	a) 지다
2) 무게를	b) 달다
3) 각이	c) 찍다
4) 점을	d) 얇다
5) 두께가	e) 긋다

10. 다음 글자판에서 단어 9개를 찾으십시오.
Kreisen Sie die gesuchten Begriffe ein.

Dreieck • Viereck • Kurve • gerade Linien • Gramm • Gestalt • Ova. •
Diagonale • Punkt

험	직	랑	대	사
삼	선	촌	각	각
각	몽	점	선	형
형	타	그	램	즌
함	원	먼	헝	모
옴	형	곡	선	양

11. 다음 텍스트를 읽고 물음에 답하십시오.
Lesen Sie den Text und beantworten Sie die darauffolgenden Fragen.

무지개 색과 모양

한국에서는 일반적으로 무지개를 그릴 때 빨간색, 주황색, 노란색, 초록색, 파란색, 남색 그리고 보라색, 총 일곱 가지 색을 사용한다. 그리고 색의 첫 글자를 따서 ‚빨주노초파남보'라고 무지개 색상을 부른다. 그런데 실제로 비가 그친 후 하늘에 보이는 무지개의 빛깔들은 선명하지 않고 마치 여러 색이 혼합된 것처럼 아주 희미하게 보인다. 보통 무지개의 안쪽에는 보라색이, 무지개 바깥쪽으로는 빨간색이 보이며, 각각의 색들 사이에 경계가 뚜렷하지 않다. 그리고 무지개의 모양은 우리의 눈에는 반원으로 보이지단 높은 공중에서 보면 사실 360도의 완전한 원형 무지개를 볼 수 있다.

Vokabelhilfe: 첫 글자를 따다 die erste Silbe nehmen, 혼합되다 gemischt werden, 공중에서 in /aus der Luft

1) 한국에서는 무지개 색깔을 몇 개로 나눕니까?
2) 무지개의 색깔을 모두 써 보십시오.
3) 우리 눈에는 무지개의 모양이 어떻게 보입니까?
4) 실제로 공중에서 보는 무지개는 어떤 모양입니까?

12. 다음 텍스트를 읽고 물음에 답하십시오.
Lesen Sie den Text und beantworten Sie die darauffolgenden Fragen.

태극기의 모양와 의미

안녕하세요? 오늘은 한국의 국기인 태극기의 모양과 의미에 대해 알아보고자 합니다. 우선 태극기의 바탕색은 흰색입니다. 흰색은 순수함과 평화를 상징합니다. 하얀색 바탕에 둥근 모양의 원이 가운데 그려져 있는데 이를 태극이라고 부르며 태극은 동양에서 우주 만물의 근원으로 봅니다. 태극의 윗부분은 빨간색으로 양을 상징하고 태극의 아랫부분은 파란색으로 음을 상징합니다. 이처럼 음과 양이 만나 하나의 완전한 원을 만들고 서로 조화를 이루면서 끊임없이 순환하고 있습니다.

그리고 태극의 문양은 서로 다른 모양을 가진 네 개의 검은 선으로 둘러싸여 있습니다. 이 검은색 선들은 우주와 자연의 끝없는 변화를 나타냅니다. 왼쪽 윗부분에 세 개의 긴 선들은 하늘을 상징하며, 대각선으로 오른쪽 아랫부분에 짧게 끊어진 선들은 땅을 상징합니다. 그리고 왼쪽 아랫부분과 오른쪽 윗부분에 있는 길고 짧은 선들은 각각 불과 물을 상징합니다. 이처럼 태극기에는 동양의 철학적 의미가 담겨 있습니다.

Vokabelhilfe: 의미 Bedeutung, 동양 Osten, 우주 만물의 근원 Ursprung des Universums, 상징하다 symbolisieren, 태극 문양 Taegeuk-Muster, 음과 양 Yin und Yang, 순환하다 umkreisen, 철학적 의미 philosophische Bedeutung

1) 태극기의 바탕색은 무슨 색입니까? 그리고 무엇을 의미합니까?
2) 태극의 윗부분과 아랫부분의 색은 무엇입니까? 그리고 이것은 무엇을 상징하고 있습니까?
3) 태극을 둘러싸고 있는 선들은 무슨 색입니까?
4) 이 네 개의 선들은 각각 무엇을 상징합니까?

19 Medien 미디어

Computer und Internet 컴퓨터와 인터넷

1. 의미에 맞게 연결하십시오.
Verbinden Sie richtig miteinander.

1) 모니터	a) Laptop
2) 노트북	b) Bildschirm
3) 오타	c) Monitor
4) 커서	d) Tastatur
5) 마우스	e) Mauszeiger
6) 화면	f) Tippfehler
7) 사용자 계정	g) Maus
8) 키보드/자판	h) Benutzerkonto

2. 의미가 다른 단어 쌍을 찾으십시오.
Finden Sie das Wortpaar mit unterschiedlicher Bedeutung.

1) 이메일을 받다 – 이메일을 보내다
2) 파일을 설치하다 – 파일을 깔다
3) 오류 메시지가 나타나다 – 오류 메시지가 뜨다
4) 비밀번호를 변경하다 – 비밀번호를 바꾸다

3. 의미가 다른 단어 쌍을 찾으십시오.
Finden Sie das Wortpaar mit unterschiedlicher Bedeutung.

1) 마우스를 누르다 – 마우스를 클릭하다
2) 서류를 인쇄하다 – 서류를 프린트하다
3) 컴퓨터를 켜다 – 컴퓨터를 끄다
4) 키보드를 치다 – 키보드를 두드리다

4. 비슷한 말로 이루어진 단어 쌍을 찾으십시오.
Finden Sie das Wortpaar mit ähnlicher Bedeutung.

1) 컴퓨터를 켜다 – 컴퓨터를 끄다
2) 프로그램을 열다 – 프로그램을 닫다
3) 게시글을 올리다 – 게시글을 내리다
4) 파일을 지우다 – 파일을 삭제하다

5. 다음 단어들을 사용해 문장을 완성하십시오.
Vervollständigen Sie die Sätze mit den passenden Wörtern aus dem Wortspeicher.

다루다 • 오류 메시지 • 인쇄하다 • 아이디 • 메모리스틱 • 비밀번호 • 파일 • 게시판 • 바이러스

1) ________이 열리지 않아서 중요한 프로젝트 작업을 못 했어요.
2) 졸업 논문을 쓰면서 10분마다 ________에 저장을 해요.
3) ________와 ________를 입력해야 받은 메일을 확인할 수 있어요.
4) 컴퓨터를 켤 때마다 화면에________가 나타나서 재부팅을 해야 해요.
5) 제가 컴퓨터를 잘 ________기 때문에 동료들이 자주 도움을 요청해요.
6) 제 노트북 시스템이 ________에 걸려서 고쳐야 해요.
7) 회의를 하기 전에 모든 필요한 서류를 ________야 해요.
8) 학기 초에는 신입생들에게 필요한 정보를 수시로 ________에 올려야 해요

E-Mails schreiben 이메일 쓰기

6. 한국어로 쓰십시오.
Vervollständigen Sie auf Koreanisch.

	(ENTWURF SPEICHERN)	(SENDEN)
(VON)		
(AN)		
(CC)		
(BC)		
(BETREFF)		
(ANHANG)		

이수연 교수님 ____________(1),

____________(2). 저는 의학을 공부하고 있는 율리아 빈츠라고 합니다.
다음 학기에 한국어 수업 중급반에 참석하고 싶은데 아쉽게도 수강 신청 기간을 놓쳐서 교수님의 수업을 들을 수 없게 되었습니다.
다다음 학기에 교환학생으로 한국에 가기 때문에 교수님의 수업을 꼭 듣고 싶습니다.
교수님의 수업을 수강할 수 있는지요?
많이 바쁘실 텐데 이런 부탁을 드려서 죄송합니다.
교수님의 답변을 기다리겠습니다.

____________(3).

율리아 빈츠 ____________(4)

7. 의미에 맞게 연결하십시오.
Verbinden Sie richtig miteinander.

1) 로그 세부사항
2) 검색창
3) 댓글
4) 브라우저 검색 기록
5) 검색어
6) 즐겨찾기

a) Browserverlauf
b) Lesezeichen
c) Zugangsdaten
d) Suchmaschine
e) Kommentar
f) Suchwort

8. 다음 단어와 함께 쓸 수 <u>없는</u> 동사를 찾으십시오.
Finden Sie das Verb, welches hier <u>nicht</u> kombiniert werden kann.

1) 사진을
공유하다
저장하다
첨부하다
하다
삭제하다

2) 댓글을
올리다
달다
접속하다
지우다
쓰다

9. 다음 단어들을 사용해 질문에 답하십시오.
Antworten Sie mit den Wörtern im Wortspeicher auf die folgenden Sätze.

스팸 메일함 • 휴지통 • 주소록 • 보낸 편지함 • 임시 보관함

1) 여기에서 삭제한 파일을 찾아 복구할 수 있다. ____________
2) 여기에서 친구의 이메일 주소를 찾을 수 있다. ____________
3) 여기에서 쓴 메일을 잠시 저장해 둘 수 있다. ____________
4) 여기에서 메일이 전송되었는지를 확인할 수 있다. ____________
5) 여기에서 불필요한 메일들을 한번에 삭제할 수 있다. ____________

Radio und Fernsehen 라디오와 텔레비전

10. 의미에 맞게 연결하십시오.
Verbinden Sie richtig miteinander.

1) 생방송
2) 현장 보도
3) 위성 중계 방송
4) 교통 안내 방송
5) 주파수
6) 시청률

a) Reportage
b) Verkehrsfunk
c) Einschaltquote
d) Live-Sendung
e) Satellitenfernsehen
f) Frequenz

11. 다음 단어를 사용해 질문에 답하십시오.
Antworten Sie mit den Wörtern im Wortspeicher auf die folgenden Sätze.

시청자 • 청취자 • 리모컨 • 탤런트 • 생방송

1) 미리 녹화한 방송이 아니고 실제 현장에서 방송하는 것은? ____________
2) 텔레비전 방송 프로그램을 보는 사람은? ____________
3) 라디오 방송을 듣는 사람은? ____________
4) 텔레비전 드라마에 출연하는 연기자는? ____________
5) 멀리 떨어져 있는 텔레비전을 켜고 끄는데 필요한 것은? ____________

Printmedien 인쇄 미디어

12. 다음 글자판에서 단어 8 개를 찾으십시오.
Kreisen Sie die gesuchten Begriffe ein.

Presse • Bericht • Redaktion • Zeitung • Kolumne • Leser • Journalist • Zeitschrift

언	론	가	편	타	신
사	시	보	지	집	문
응	달	도	기	잠	도
빛	잡	주	트	컬	미
기	사	지	독	정	럼
자	라	바	자	뇨	홍

13. 다음 내용에 맞는 방송 프로그램을 찾아 연결하십시오.
Verbinden Sie richtig miteinander.

1) 축구경기를 중계한다.	a) 뉴스
2) 문제를 내고 맞힌다.	b) 드라마
3) 살인 사건을 보도한다.	c) 리얼리티쇼
4) 노래 대회에 나간다.	d) 스포츠 방송
5) 배우들이 연기하는 TV-연속극이다.	e) 퀴즈쇼
6) 사람들의 실제 일상을 보여준다.	f) 노래 자랑

14. 다음 단어를 사용해 문장을 완성하십시오.
Vervollständigen Sie die Sätze mit den passenden Wörtern aus dem Wortspeicher.

리포터 • 토크쇼 진행자 • 아나운서 • 사회자 • 기자 • 편집자

1) ________________는 어떤 사건이나 사고에 대해서 취재를 하고 기사를 쓰는 사람이에요.
2) ________________는 행사나 모임에서 행사를 진행하는 사람이에요.
3) ________________는 중요한 사건의 현장에서 직접 관련 내용을 보도하는 사람이에요.
4) ________________는 잡지, 신문, 방송에 나오는 텍스트를 교정하여 완성도를 높이는 사람이에요.
5) ________________는 뉴스 보도를 방송하는 사람이에요.
6) ________________는 텔레비전이나 라디오 방송에서 연예인이나, 가수, 배우, 정치인 등을 초대하여 대화를 이끌어가는 사람이에요.

15. 다음 단어를 사용해 질문에 답하십시오.
Antworten Sie mit den Wörtern im Wortspeicher auf die folgenden Sätze.

구인광고 • 독자 • 잡지 • 허위 기사 • 일간지 • 헤드라인

1) 날마다 발행하는 신문은? ________________
2) 회사가 일할 사람을 구하기 위해 내는 광고글은? ________________
3) 진실이 아닌 것을 진실인 것처럼 쓰는 기사는? ________________
4) 신문에 큰 글씨로 쓰여 있는 기사 제목은? ________________
5) 책, 신문, 잡지 등을 읽는 사람은? ________________
6) 여러 내용의 글을 모아 정기적으로 발행하는 출판물은? ________________

16. 다음 단어와 함께 쓸 수 없는 동사를 찾으십시오.
Finden Sie das Verb, welches hier nicht kombiniert werden kann.

1) 신문을
- 배달하다
- 읽다
- 사다
- 청취하다
- 구독하다

2) 기사를
- 쓰다
- 작성하다
- 수정하다
- 보도하다
- 실리다

17. 다음은 민수 씨의 한국말 단어장입니다. 민수 씨가 무엇을 잘못 썼습니까? 틀린 단어를 고치십시오.
Das ist Minsus Vokabelheft. Was hat er falsch aufgeschrieben? Korrigieren Sie die fehlerhaften Vokabeln.

내 단어장	
~~목자/차리~~ 목차/차례	Inhaltsverzeichnis
채목	Titel
폰문	Hauptteil
부룩	Anhang
씬판	Neuauflage
네용	Inhalte
색임	Index
줄판 연도	Erscheinungsjahr
출반사	Verlage
철판되다	vergriffen sein

20 Staaten und Politik 국가와 정치

Staat (Allgemeines) 국가
Politik und politisches System
정치와 정치 시스템

1. 의미에 맞게 연결하십시오.
Verbinden Sie richtig miteinander.

1) 조국
2) 선진국
3) 신흥국가
4) 개발 도상국
5) 후진국

a) entwickeltes Land
b) rückständiges Land
c) Vaterland
d) Entwicklungsland
e) Schwellenland

2. 맞는 답을 찾아 표시하십시오.
Kreuzen Sie die richtige Antwort an.

1) 외국인이 한 국가에서 기한 없이 살 수 있는 권리나 자격은?
☐ a) 영주권 ☐ b) 여권 ☐ c) 국적 ☐ d) 내국인

2) 다른 나라에 정착하여 그 나라 국민으로 살고 있는 사람은?
☐ a) 피난민 ☐ b) 범인 ☐ c) 외국인 ☐ d) 교포

3) 나라와 나라사이를 구분짓는 것은?
☐ a) 국기 ☐ b) 국경 ☐ c) 국가 ☐ d) 국민

4) 나라를 대표하는 노래는?
☐ a) 국경 ☐ b) 국적 ☐ c) 국가 ☐ d) 국토

5) 특정한 인물이 모든 권력을 장악하고 국민을 지배하는 정치 체제는?
☐ a) 민주주의 ☐ b) 사회주의 ☐ c) 독재 정치 ☐ d) 자본주의

6) 두 개 이상의 정당이 참여하는 선거와 다수결의 원칙(Majoritätsprinzip)에 따라 정부를 구성하고 운영하는 나라는?
☐ a) 법치 국가 ☐ b) 공산주의 국가 ☐ c) 독재 국가 ☐ d) 민주주의 국가

7) 자본주의 경제 체제를 가지고 있는 나라는?
☐ a) 중국 ☐ b) 북한 ☐ c) 미국 ☐ d) 소련

3. 다음 글자판에서 단어 6개를 찾으십시오.
Kreisen Sie die gesuchten Begriffe ein.

Außenministerium • Verteidigungsministerium • Ministerium für Umwelt • Ministerium für Gleichstellung und Familie • Ministerium für Wiedervereinigung • Ministerium für Gesundheit und Soziales

식	국	방	부	보	규
외	기	비	건	마	네
교	세	복	통	코	환
부	지	척	일	경	전
부	푸	가	부	래	자
여	성	가	족	부	패

4. 괄호 안의 단어를 사용해 텍스트를 완성하십시오.
Vervollständigen Sie den Text mit den eingeklammerten Wörtern.

선거

__________ (Wahl)를 앞두고 __________ (Partei)들은 라디오와 TV를 비롯한 여러 매체들을 통해 __________ (Kandidat)들을 홍보하는 __________을 (Wahlkampagne) 벌이고 있다. 거리 곳곳에 걸려있는 __________ (Wahlplakat)에는 수많은 __________ (Wahlversprechen)들이 적혀 있다. 그러나 그 어떤 __________ (Kandidat)도 현 사회 문제를 제대로 해결할 수 있는 구체적인 방안을 제안하지 못하고 있다. 그래서 __________ (Wähler)들의 대부분은 어느 __________ (Partei)을 지지할지 결정을 못하고 있다.

Gesetz und Kriminalität 법과 범죄

5. 다음 동사들을 사용해 문장을 완성하십시오.
Vervollständigen Sie die Sätze mit den passenden Wörtern aus dem Wortspeicher.

가결되다 • 진압하다 • 살해하다 • 지키다 • 어기다 • 위조하다

1) 법을 ________________면 안 돼요.
2) 법을 ________________야 해요.
3) 그 법안은 국회에서 ________________었다.
4) 경찰이 시위대를 ________________어요.
5) 그가 친구를 ________________어요.
6) 그가 100만 원을 ________________어요.

6. 괄호 안의 단어를 사용해 문장을 완성하십시오.
Vervollständigen Sie die Sätze mit den eingeklammerten Wörtern.

1) ________________이 (Polizei) 광화문 거리에서 ________________을 (Alkoholkontrolle) 하고 있다.
2) ________________는 (Kriminalbeamter) ________________을 (Täter) 잡기 위해 ________________를 (Augenzeuge) 찾고 있다.
3) ________________은 (Fingerabdruck) 사람마다 달라서 개인을 식별할 수 있어요. 그래서 주민등록증을 만들 때에도 필요해요.
4) 경찰이 범인의 팔에 ________________을 (Handschellen) 채우고 경찰서로 데려갑니다.

7. 괄호 안의 단어를 사용해 텍스트를 완성하십시오.
Vervollständigen Sie den Text mit den eingeklammerten Wörtern.

억울한 수감생활

이 모 씨는 2001년 억울하게도 ________________ (Ermordung)로 ________________ (lebenslange Haft)을 선고받았다. „그 당시 이 판결은 나중에 허위로 밝혀진 ________________ (Zeugenaussage)에만 근거를 두고 있었다"라고 ________________ (Staatsanwaltschaft)은 밝혔다. ________________ (Ermordung)로 누명을 쓴 뒤에 18년간

__________에 (Gefängnis) 수감된 이 모 씨는 끊임없이 __________ (Unschuld)를 주장했지만 아무 소용이 없었다. 그는 너무 억울하여 여러 번 __________ (aus dem Gefängnis ausbrechen) 할 마음을 먹었다고 한다. 18년이 지난 후에 비로소 이 모 씨의 __________ (Unschuld)가 입증되었고 그는 70살의 나이로 __________ 될 (freikommen) 수 있었다. 이에 국가는 오랜 세월 __________에 (Gefängnis) 갇혀 있던 이 모 씨에게 상당한 금액을 __________해야 (entschädigen)할 것이다.

8. 의미가 다른 단어 쌍을 찾으십시오.
Finden Sie das Wortpaar mit unterschiedlicher Bedeutung.

1) 외교 관계를 끊다 – 외교 관계를 단절하다
2) 헌법을 제정하다 – 헌법을 폐지하다
3) 정부를 수립하다 – 정부를 세우다
4) 약탈하다 – 강탈하다

9. 의미가 다른 단어 쌍을 찾으십시오.
Finden Sie das Wortpaar mit unterschiedlicher Bedeutung.

1) 판결에 승복하다 – 판결에 불복하다
2) 고소하다 – 고발하다
3) 석방되다 – 풀려나다
4) 훔치다 – 도둑질하다

10. 다음 단어를 알맞게 연결하십시오.
Verbinden Sie richtig miteinander.

1) 범죄를 a) 임명하다
2) 법안을 b) 제기하다
3) 장관을 c) 내리다
4) 벌금을 d) 저지르다
5) 이의를 e) 통과시키다
6) 판결을 f) 물다

11. 가로세로 낱말 퀴즈
Vervollständigen Sie das Kreuzworträtsel.

가로

1 Gerichtsverhandlung
3 Todesstrafe
5 Gerichtshof
7 Oppositionspartei
9 Gerichtsverfahren
11 Opfer

세로

2 Richter
4 Strafrecht
6 Regierungspartei
8 Tatort
10 Täter
12 Zeuge

12. 다음 텍스트를 읽고 물음에 답하십시오.
Lesen Sie den Text und beantworten Sie die darauffolgenden Fragen.

교통사고

3월 7일 오전 8시 10분쯤 한강 공원 근처 도로에서 교통사고가 났다. 포르쉐 승용차가 신호 대기 중이던 벤츠 승용차를 들이받았다. 이 사고로 벤츠 승용차 남성 운전자가 크게 다쳐 병원으로 옮겨졌다. 사고를 낸 포르쉐 승용차 운전자 이 모 씨는 마약을 복용하고 운전한 것으로 확인되어 현장에서 체포되었다. 그뿐만 아니라 이 모 씨는 3년 전에도 마약을 거래한 전과가 있는 것으로 드러났다.

1) 교통사고는 언제 어디에서 일어났습니까?
2) 교통사고를 낸 사람은 누구입니까?
3) 교통사고는 왜 일어났습니까?

21 Geografie, Völker und Sprache 지리, 지형, 민족과 언어

Geografie 지리와 지형

1. 다음 대륙을 찾으십시오.
   Beschriften Sie die Abbildung mit den Kontinenten aus dem Wortspeicher.

아시아 • 아프리카 • 유럽 • 남아메리카 • 호주 • 북아메리카

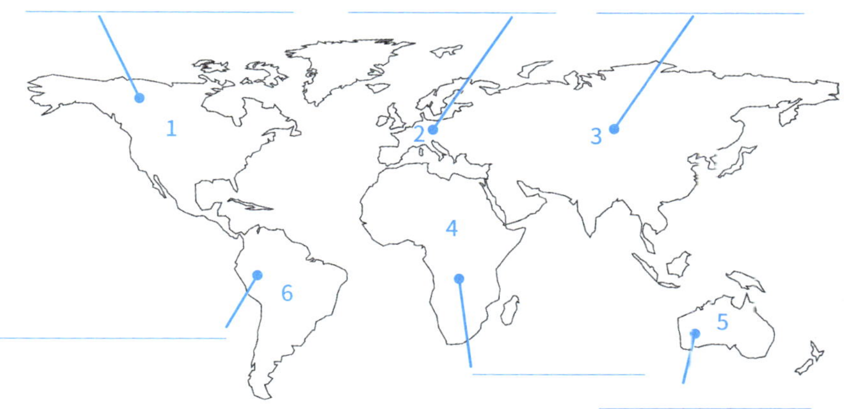

2. 같은 어휘 영역에 속하지 <u>않는</u> 것을 찾으십시오.
   Welcher Ausdruck passt <u>nicht</u> in die Reihe?

   1) 인도양 / 지중해 / 홍해 / 도나우강 / 북해 / 후지야마
   2) 사하라 사막 / 태평양 / 대서양 / 북해 / 지중해
   3) 나일강 / 세느강 / 라인강 / 템즈강 / 철강 / 양쯔강
   4) 먹물 / 밀물 / 산호초 / 해수 / 썰물
   5) 적도 / 방위 / 위도 / 절벽 / 경도 / 나침반 / 동서남북

3. 다음 단어를 알맞게 연결하십시오.
Verbinden Sie richtig miteinander.

1) 산에	a) 험하다
2) 산이	b) 깊다
3) 강물이	c) 오르다
4) 절벽에서	d) 풀을 먹다
5) 소가	e) 떨어지다

4. 다음 문장을 읽고 맞는 답을 쓰십시오.
Antworten Sie auf die folgenden Fragen.

1) 이 산은 3,776m로 일본에서 가장 높은 산으로 일본을 상징한다.
____
2) 이 산맥은 유럽 중남미에 위치해 있으며 독일, 프랑스, 스위스, 이탈리아와 오스트리아에 걸쳐있다. ______________________
3) 이 산맥은 북아메리카 서부에 있고 멕시코에서 시작하여 미국과 캐나다를 가로지른다. ______________________
4) 이 강은 스위스에서 시작하여 독일을 거쳐 네덜란드로 흘러간다.
____

5. 맞는 답을 찾아 표시하십시오.
Kreuzen Sie die richtige Antwort an.

1) 중국에서 가장 긴 강은?
☐ a) 압록강 ☐ b) 양쯔강 ☐ c) 메콩강 ☐ d) 오리노코강
2) 베트남과 태국 그리고 캄보디아로 흘러가는 강은?
☐ a) 양쯔강 ☐ b) 세느강 ☐ c) 강에스 ☐ d) 라인강 ☐ e) 메콩강
3) 아프리카에서 제일 길고 세계에서 가장 긴 강은?
☐ a) 양쯔강 ☐ b) 메콩강 ☐ c) 템즈강 ☐ d) 나일강 ☐ e) 라인강
4) 세계에서 가장 큰 사막으로 아프리카 북부에 위치한 사막은?
☐ a) 칼라하리 사막 ☐ b) 사하라 사막 ☐ c) 나미브 사막 ☐ d) 고비 사막
5) 중국과 몽골 사이에 위치한 사막은 ?
☐ a) 고비 사막 ☐ b) 사하라 사막 ☐ c) 나미브 사막 ☐ d) 칼라하리 사막

6. 가로세로 낱말 퀴즈
Vervollständigen Sie das Kreuzworträtsel.

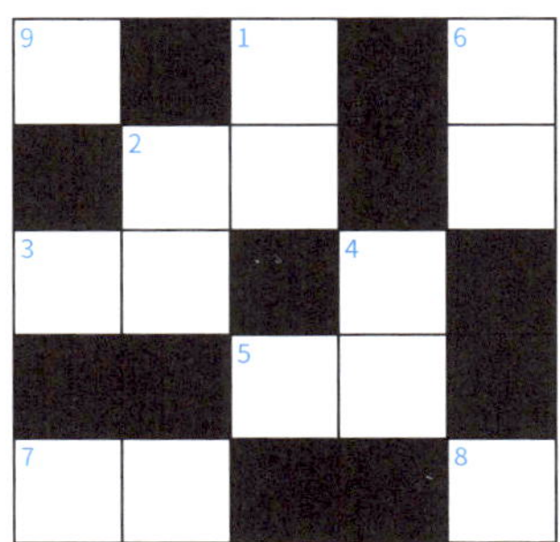

1) 해는 (1) __________ 에서 떠서 (2) __________ 으로 져요.
2) 박쥐들은 주로 (3) __________ 에서 살아요.
3) 바닷물이 밀려 들어오는 현상을 (4) __________ 이라고 하고 바닷물이 빠져나가는 현상을 (5) __________ 이라고 해요.
4) (6) __________ 는 연못이나 늪보다 훨씬 깊지만 바다보다는 얕고 작아요.
5) (7) __________ 은 모래보다 크고 돌보다 작은 것으로 주로 바다나 강가에서 볼 수 있어요.
6) (8) __________ 은 바다로 둘러 싸여 있고 육지와 떨어져 있어요.
7) (9) __________ 은 보통 산에서 볼 수 있고 나무와 풀이 많아요.

7. 방위의 이름을 쓰십시오.
Setzen Sie die passenden Himmelsrichtungen ein.

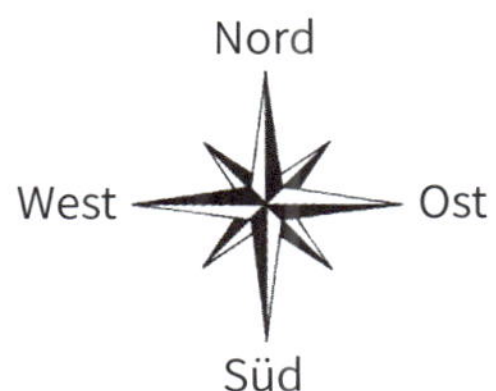

8. 다음은 독일 주요 도시들의 위치를 설명하는 글입니다. 방위 명사를 사용해 각 도시의 위치를 쓰십시오.
Bestimmen Sie die Standorte der folgenden deutschen Städte.

1) 베를린은 독일의 __________ 에 있습니다.
2) 함부르크는 독일의 __________ 에 있습니다.
3) 뒤셀도르프는 독일의 __________ 에 있습니다.
4) 뮌헨은 독일의 __________ 에 있습니다.
5) 프랑크프루트 암 마인은 독일의 __________ 에 위치해 있습니다.

Geografie Koreas 한국의 지리와 지형

9. 다음 한국의 도를 찾으십시오.
Beschriften Sie die Abbildung mit den Provinzen aus dem Wortspeicher.

전라남도 • 경상남도 • 강원도 • 충청남도 • 경기도 • 제주도 • 전라북도 • 경상북도 • 충청북도

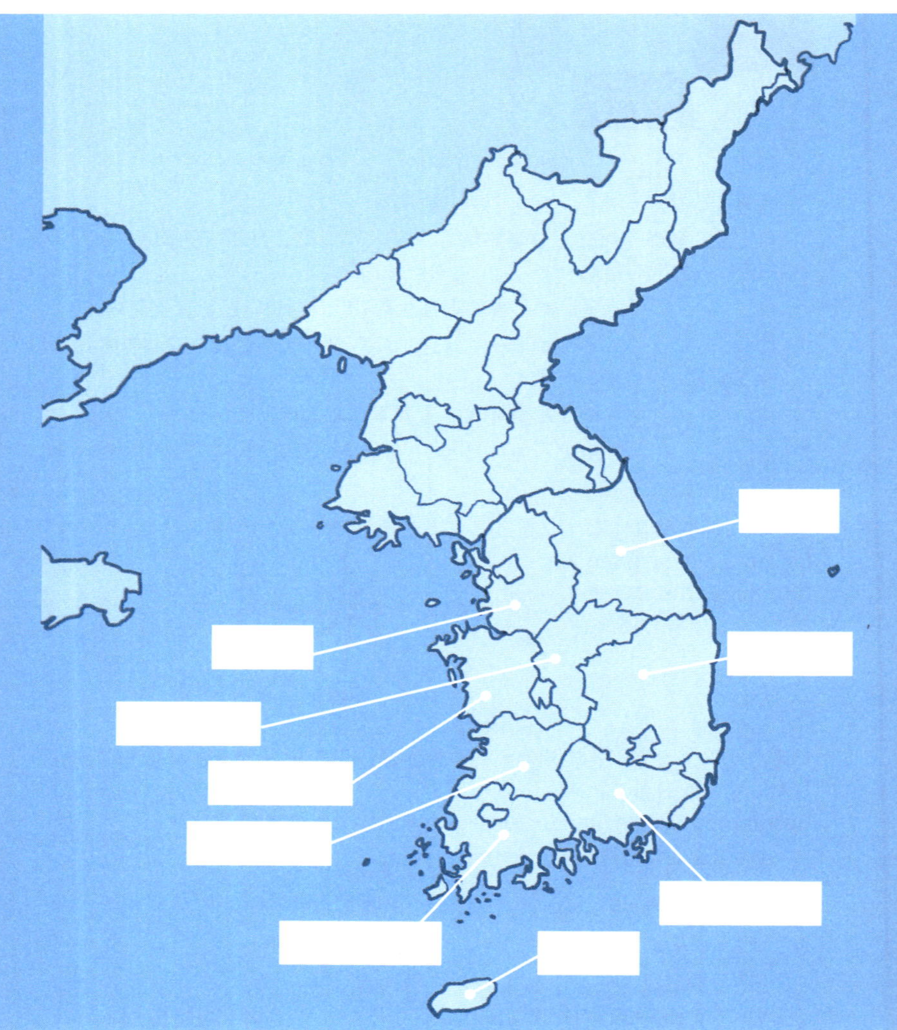

10. 맞는 답을 찾아 표시하십시오.
Kreuzen Sie die richtige Antwort an.

1) 대한민국에서 가장 긴 강은?
☐ a) 섬진강 ☐ b) 낙동강 ☐ c) 한강 ☐ d) 압록강

2) 한반도에서 가장 긴 강은?
☐ a) 압록강 ☐ b) 두만강 ☐ c) 대동강 ☐ d) 섬진강

3) 대한민국에서 가장 높은 산은?
☐ a) 북한산 ☐ b) 한라산 ☐ c) 남산 ☐ d) 지리산

4) 대한민국에서 가장 큰 도시는?
☐ a) 인천 ☐ b) 부산 ☐ c) 평양 ☐ d) 서울

5) 대한민국에서 두 번째로 큰 도시는?
☐ a) 인천 ☐ b) 부산 ☐ c) 서울 ☐ d) 개성

6) 대한민국과 관련이 없는 도는?
☐ a) 경기도 ☐ b) 경상북도 ☐ c) 함경북도 ☐ d) 전라북도

7) 삼다도 (바람, 돌, 여자)로 알려진 대한민국의 이 섬은?
☐ a) 독도 ☐ b) 울릉도 ☐ c) 홍도 ☐ d) 제주도

Länder, Völker und Sprachen
나라와 민족 그리고 언어

11. 다음 문장을 완성하십시오.
Vervollständigen Sie die folgenden Sätze.

1) 아테네는 ____________________의 수도입니다.
2) 마드리드는 ____________________의 수도입니다.
3) 도쿄는 ____________________의 수도입니다.
4) 평양은 ____________________의 수도입니다.
5) 앙카라는 ____________________의 수도입니다.
6) 파리는 ____________________의 수도입니다.

12. 맞는 답을 찾아 표시하십시오.
Kreuzen Sie die richtige Antwort an.

1) 동남아시아에 속하지 않는 나라는?
☐ a) 베트남 ☐ b) 북한 ☐ c) 인도네시아 ☐ d) 태국

2) 동북아시아에 속하지 않는 나라는?
☐ a) 한국 ☐ b) 대만 ☐ c) 중국 ☐ d) 일본 ☐ e) 말레이시아

3) 동유럽에 속하는 나라는?
☐ a) 프랑스 ☐ b) 독일 ☐ c) 루마니아 ☐ d) 벨기에

4) 서유럽에 속하지 않는 나라는?
☐ a) 스위스 ☐ b) 프랑스 ☐ c) 네덜란드 ☐ d) 러시아

5) 북유럽에 속하지 않는 나라는?
☐ a) 덴마르크 ☐ b) 스페인 ☐ c) 스웨덴 ☐ d) 핀란드

13. 알맞은 언어를 고르십시오.
Ordnen Sie die Sprachen im Wortspeicher den Sätzen richtig zu.

영어 • 중국어 • 일본어 • 스페인어 • 포르투갈어 • 아랍어 • 브라질어 • 프랑스어 • 독일어 • 핀란드어 • 그리스어 • 폴란드어

---

1) 오스트리아에서 사용하는 언어는 무엇입니까? ______________
2) 일본 사람들은 ______________로 말합니다.
3) 미국에서 사용하는 언어는 ______________입니다.
4) 브라질에서 사람들은 ______________로 말합니다.
5) 캐나다 퀘벡에서는 ______________도 사용한다.
6) 아르헨티나에서는 어떤 언어를 사용합니까? ______________
7) 사우디아라비아에서 사용하는 언어는 무엇입니까? ______________

14. 괄호 안의 단어를 사용해 텍스트를 완성하십시오.
Vervollständigen Sie den Text mit den eingeklammerten Wörtern.

다문화 가족

저는 ______________ (Frankreich)에서 태어났지만 ______________ (Deutschland)에서 학교를 다녀요. 어머니는 ______________ (Japanerin)이고 아버지는 ______________ (Franzose)이세요. 어머니와 아버지는 ______________ (Frankreich)에서 만나서 결혼하셨고 ______________ (Deutschland)에서 직장을 얻었어요.

저는 다중언어를 사용하는 ______________ (multikulturelle Familie)에서 자랐어요. 어머니는 저에게 ______________ (Japanisch)로, 아버지는 ______________ (Französisch)로 말씀하세요. 그리고 두 분은 서로 ______________ (Englisch)를 사용하세요. 그리고 저는 학교에서 친구들과 ______________ (Deutsch)로 말해요. 그런데 최근 아버지께서 1년 동안 ______________ (Korea) 에서 근무하시게 되었어요. 그래서 요즘 집에서는 ______________로 (zweisprachig) 일본어와 독일어만 사용하고 있어요.

22 Grammatische Wörter
문법 관련 어휘

Partikeln 조사

1. 다음 조사를 알맞게 사용해 문장을 만드십시오.
Vervollständigen Sie die Sätze mit den Partikeln im Wortspeicher

-쯤 • -(이)나 • -도 • -만 • -따라 • -야 • -마다 • -치고 • -커녕 • -아

1) 저는 아침과 점심 식사_____ 해요. 저녁에는 가능하면 식사를 하지 않으려고 해요.
2) 어제 한 시간_____ 못 잤어요.
3) 유미 씨는 나이_____ 생각이 깊고 아주 어른스러워요.
4) 식사 후에 커피_____ 녹차를 마시는 사람이 많아요.
5) 한국에서는 출퇴근 시간에 지하철이 10분_____ 다녀요.
6) 오늘 직원들과 함께 야유회를 가기로 했어요. 그런데 오늘_____ 비가 오고 아주 추워요.
7) 날씨가 이렇게 무더운데 학교에서 에어콘은_____ 선풍기도 사용할 수 없어요.
8) 내일 시간이 있으면 열 시 _____ 만날까요?
9) 수미_____, 석봉_____, 너희들 지금 뭐해?

2. 조사 „-에서, -까지, -부터, -에서부터“를 사용해 대화를 완성하십시오.
Vervollständigen Sie den Dialog mit den Partikeln „-에서, -까지, -부터, -에서부터“.

1) A: 언제 ________ 언제 ________ 방학이에요?
   B: 겨울 방학은 2월 중순 ________ 4월초 ________예요.
2) A: 언제 ________ 그림을 그리기 시작했어요?
   B: 3살 때 ________ 그리기 시작했어요.
3) A: 집 ________ 학교 ________ 멀어요?
   B: 아니요, 멀지 않아요. 걸어서 20분 정도 걸려요.

3. 조사 „-(으)로“가 어떤 의미로 쓰였는지 연결하십시오.
Verbinden Sie entsprechend der Bedeutung von „-(으)로“ richtig miteinander.

1) 이 문장을 한국어로 번역해 주세요.
2) 서울에서 부산까지 비행기나 기차로 갈 수 있어요.
3) 떡은 쌀가루로 만든 거예요.
4) 인턴으로 회사에서 일한 경험이 있어요.
5) 할머니께서 암으로 돌아가셨어요.
6) 소포를 부치려면 우체국으로 가세요.

a) Richtung
b) Verkehrsmittel
c) Grund
d) Status
e) Material
f) Mittel

4. 조사 “-에, -에서, -(으)로”를 사용해 대화를 완성하십시오.
Vervollständigen Sie den Dialog mit den Partikeln „-에, -에서, -(으)로“.

1) A: 한스가 어디__________ 있어요?
B: 한스가 교실__________ 있어요.
2) A: 어디__________ 기다리고 계세요?
B: 서강 대학교 앞__________ 기다리고 있어요.
3) A: 이 부침개는 무엇__________ 만들었어요?
B: 콩__________ 만들었어요.
4) A: 지금 서울__________ 비가 옵니까?
B: 아니요. 부산__________만 옵니다.
5) A: 방학 때 어디__________여행가세요?
B: 식구들과 미국__________ 여행갈 거예요.

5. 조사 “-보다, -처럼, -만큼, -같은”을 사용해 문장을 완성하십시오.
Vervollständigen Sie die folgenden Sätze mit den Partikeln „-보다, -처럼, -만큼, -같은“.

1) 수미는 민수__________ 나이가 두 살 많아요.
2) 아기들의 눈은 맑고 별__________ 반짝거려요.
3) 제 아들은 호랑이__________ 강해요.
4) 엄마, 하늘__________ 땅 __________ 사랑해요.
5) 사과 __________ 내 얼굴. 예쁘기도 하지요.

Adverbien und Konjunktionalformen
부사와 접속 연결 어미

6. 다음 접속부사를 사용해 대화를 완성시키십시오.
Vervollständigen Sie den Dialog mit den adverbialen Konjunktionalformen im Wortspeicher.

그러면 • 그리고 • 그래서 • 그래도 • 그런데 • 그렇지 않으면

A: 저는 지금 대학원생이에요. 공부하면서 회사에서 아르바이트를 하고 있어요. ________ 회사에서 하는 일이 생각보다 많고 힘들어요. ________ 학기 중에 공부를 할 수가 없어요.

B: 일을 그만 두는 것은 어때요? ________ 방학에만 일을 하는 것은 어때요?

A: ________ 생활비가 부족해요.

B: ________ 다음 학기부터 아르바이트를 하지 않는 것이 좋을 것 같아요. ________ 졸업이 늦어질 수도 있어요. 장학금을 한번 알아보세요. 공부를 빨리 마치는 것이 더 중요해요.

7. 빈 칸에 알맞은 부사어를 고르십시오.
Vervollständigen Sie die Sätze mit den richtigen Adverbien.

1) 이제 집에 ________ 다 왔어요 a) 아마
2) 날씨 때문에 기차가 ________ 늦게 올 때가 있어요. b) 도대체
3) ________ 제 말 좀 들으세요. c) 거의
4) 수미가 ________ 내일 학교에 올 거예요 d) 별로
5) 오늘 ________ 안 바빠요. e) 가끔
6) ________ 뭐가 불만이야? f) 제발

8. 다음 부사를 사용해 대화를 완성시키십시오.
Vervollständigen Sie den Dialog mit den Adverbien im Wortspeicher.

하마터면 • 간신히 • 도대체 • 틀림없이 • 아무쪼록 • 바로 • 별로 • 설마 • 마치

1) A: 수정아, 이 음악을 들어봤어? 요즘 유행하는 음악이야.
B: 아니, 처음 듣는데.
A: 이 가수가 누군지 알아?
B: 모르겠는데.

A: 그럼 이 영화 배우는?

B: 그 사람이 배우야. 너도 알다시피 나 영화 잘 안 보잖아.

A: ________________ 너는 정말 아는 것이 하나도 없어!

2) 엄마: 배 많이 고프지?

아들: 아니요, ________________ 안 고파요.

3) A: 브레이크를 늦게 밟아서 앞차와 살짝 부딪쳤어요. 다행히 큰 사고는 안 났어요.

B: ________________ 큰 일 날뻔 했어요.

4) 아침에 시계의 알람을 듣지 못해서 늦게 일어났어요. 일어나자마자 세수만 하고 집에서 나와 ________________ 기차를 탔어요.

5) 제 지갑이 안 보여요. 아들이 훔친 것 같아요. 아무리 아들이 돈이 필요해도 ________________ 부모님의 지갑을 훔쳤겠어요?

6) 약속한 발표 자료는 내일 오전까지 ________________ 보내주셔야 합니다.

7) 우체국은 ________________ 빵집 맞은편에 있어요.

8) 반장은 ________________ 자기가 선생님인 것처럼 학생들에게 이래라저래라 했다.

9) ________________ 건강하시고 행복하시길 빕니다.

9. 의미가 맞게 연결하십시오.
Verbinden Sie die Satzteile richtig miteinander.

1) 미국에 가고 싶은데 돈이 없어서
2) 바쁘신데도 불구하고
3) 다음 주에 시험이 있기 때문에
4) 밥을 먹고 나서
5) 박물관에서 큰 소리로
6) 밖이 추우니까
7) 돈이 많으면
8) 아이가 공부를 못해도
9) 한국어를 많이 공부해도
10) 일어나자마자

a) 세수하고 아침을 먹어요.
b) 이를 꼭 닦으세요.
c) 와 주셔서 감사합니다.
d) 열심히 공부해야 돼요.
e) 세계 여행을 하고 싶어요.
f) 비행기표를 살 수가 없어요.
g) 늘지 않아요.
h) 괜찮아요. 공부가 인생의 전부는 아니잖아요.
i) 이야기하면 안 돼요.
j) 모자를 쓰고 나가세요.

Fragewörter 의문사

10. 알맞은 의문사를 사용해 문장을 완성하십시오.
Vervollständigen Sie die Dialoge mit den richtigen Fragewörtern.

1) A: 지금 ______________을 마시고 계세요?
B: 차요.
A: ______________ 차예요? 향이 아주 좋아요.
B: 오미자 차예요.
A: 오미자 차요? 처음 들어봐요. 한국차인가요?
B: 예, 맞아요. 그런데 오미자가 ______________을 뜻하는지 알아요?
A: 아니요, 몰라요.
B: 오미자는 다섯 가지 맛을 낸다는 뜻이에요. 단맛, 신맛, 쓴맛, 매운맛, 떫은맛.
A: 아. 그래요. ______________에서 사셨어요? 온라인으로 구입하셨어요?
B: 아니요. 이번에 한국에 갔을 때 많이 사 가지고 왔어요.

2) A: 이 하얀 모자는 ______________에서 샀어요?
B: 백화점에서 샀어요.
A: ______________ 백화점에서 샀어요?
B: 홍대 앞에 있는 백화점에서요.
A: ______________ 주셨어요?
B: 할인해서 18000원에 구입했어요.
A: 싸게 사셨네요.
B: 그런데 홍대 백화점은 ______________ 가요?
A: 여기서 가려면 지하철을 타고 가는 것이 빨라요.

3) A: 지금 ______________ 시예요?
B: 오전 11시예요.
A: 점심을 ______________ 드실 거예요?
B: 글쎄요, 14시에서 15시 사이에 먹으려고 해요.
A: ______________ 이렇게 늦게 드세요?
B: 점심 시간에 가면 사람들이 너무 많고 복잡해서요.

4) A: 귀걸이가 참 예쁘네요. ______________ 받으셨어요?
B: 이번에 한국에 놀러갔을 때 어머니한테서 생일 선물로 받았어요.
A: 성연 씨한테 참 잘 어울려요. 성연 씨는 한국에 자주 가요?
B: 예, 자주 가는 편이에요.

A: ___________ 자주 가세요?
B: 1년에 두 번 정도 가요.
A: 독일에서 한국까지 비행기로 ___________ 걸려요?
B: 11시간 정도 걸려요.

Pronomen 대명사

11. 괄호 안의 단어를 사용해 알맞은 대명사를 쓰십시오.
Vervollständigen Sie die Sätze mit den eingeklammerten Personalpronomen.

1) 안녕하세요? ___________는 (ich, höfliche Form) 김유라입니다.
2) 상호야, ___________ (du) 숙제 다 했어?
3) 반갑습니다. ___________ (wir, höfliche Form) 는 독일에서 온 교환학생입니다.
4) ___________의 (unser) 만남은 우연이 아니에요.
5) ___________는 (sie) 제가 제일 좋아하는 연예인이에요.

12. 지시대명사 (이것/그것/저것) + 조사를 입말로 쓰십시오.
Vervollständigen Sie die Tabelle mit den richtigen Demonstrativpronomen.

1) 이것은 책이고 그것은 노트입니다.	________ 책이고 ________ 노트입니다.
2) 이것이 얼마예요?	________ 얼마예요?
3) 저것이 용바위입니까?	________ 용바위입니까?
4) 그것을 말이라고 하니?	________ 말이라고 하니?
5) 이것이 마음에 들어요. 이것으로 하겠습니다.	________ 마음에 드네요. ________ 하겠습니다.

13. 부정대명사를 사용해 빈칸을 채우십시오.
Vervollständigen Sie die Sätze mit den eingeklammerten Indefinitpronomen.

1) 방학이라서 도서관에 ___________ 없어요. (niemand)
2) ___________ 마라톤에 참가할 수 있어요. (jeder, wer auch immer)

3) 하루 종일 너무 바빠서 ______________ 못 먹었어요. (nichts)
4) 문제가 생기면 ______________ 연락하세요. (jederzeit)
5) 모델처럼 키가 커서 ______________ 옷이든 잘 어울려요. (was auch immer)
6) 여기는 뷔페 식당이니까 ______________ 먹을 수 있어요. (so viel wie Sie wollen)

Höflichkeitswörter 높임말

14. 다음 표의 빈칸을 채우십시오.
Füllen Sie die Tabelle richtig aus.

neutral	höflich	Bedeutung
1)		sich befinden
2) 이름		Name
3)	병환	Krankheit
4) 죽다		
5)	드시다	
6)		Alter
7) 배가 고프다		

15. 보통말과 높임말을 사용해 문장을 완성하십시오.
Vervollständigen Sie die folgenden Sätze in der neutralen und höflichen Form in der 5. Sprechstufe.

1) 제 동생의 ______________ 는 15살이고 아버지의 ______________ 는 79세입니다. (Alter)
2) 동생은 아침에 빵을 ______________ 는데 할머니는 밥을 ______________ . (essen)
3) 동생은 밥을 먹고 나서 주스를 ______________ 는데 할머니는 차를 ______________ . (trinken)
4) 동생은 피곤해도 낮잠을 안 ______________ 는데 할머니는 항상 낮잠을 ______________ . (schlafen)
5) 동생은 암으로 죽을 수 있고 할머니는 암으로 ______________ ㅅ 있습니다. (sterben)

Lösungsschlüssel 정답

1 Angaben zur Person / Personenbeschreibung 개인 정보와 인물 묘사

1. 1) d ▪ 2) g ▪ 3) h ▪ 4) a ▪ 5) c ▪ 6) f ▪ 7) b ▪ 8) e
2. 1) 성함, 성, 적어, 왔어요/왔습니다, 되었어요/됐어요/되었습니다/됐습니다 ▪ 2) 연세, 살, 생년월일, 태어났어요/태어났습니다, 고향 ▪ 3) 주소, 주소, 살아요/삽니다, 주소, 전화번호 ▪ 4) 직업
3. volljährige Person 성인, Kind 아이/어린이, Lehrer/in 선생님, Minderjährige/r 미성년자, Eltern 부모님, Großmutter 할머니
4. 1) 소녀 ▪ 2) 총각 ▪ 3) 미혼이다 ▪ 4) 어른 ▪ 5) 여자 ▪ 6) 나이가 적다/어리다
5. 1) 태어나다 ▪ 2) 운명 ▪ 3) 사망일 ▪ 4) 친척 ▪ 5) 생김새 ▪ 6) 음료
6. 1) 부산 ▪ 2) 세 살 ▪ 3) 책벌레 ▪ 4) 작가
7. 잘생기다 못생기다, 부드럽다 거칠다, 단단하다 약하다, 짧다 길다, 깨끗하다 더럽다, 크다 작다, 날씬하다 뚱뚱하다
8. (여)동생, 몸매, 목, 허리, 어깨, 다리, 손, 손가락, 부드러워요
9. **(Lösungsvorschlag)**
   1) 아버지는 키가 크시고 잘 생기셨어요. ▪ 2) 어머니는 날씬하고 예뻐요. ▪ 3) etc.
10. 1) 긍정적 성격: 착하다, 좋다, 밝다, 친절하다, 진지하다, 활발하다, 명랑하다, 성실하다, 부지런하다 ▪ 2) 부정적 성격: 나쁘다, 급하다, 소심하다, 뻔뻔하다, 냉정하다, 나약하다
11. 2) ▪ 4) ▪ 5) ▪ 7)
12. 1) 비인간적이다 ▪ 2) 비관적이다 ▪ 3) 부정적이다 ▪ 4) 비논리적이다 ▪ 5) 몰상식하다
13. 1) 수다쟁이 ▪ 2) 게으름뱅이 ▪ 3) 겁쟁이 ▪ 4) 고집쟁이 ▪ 5) 완벽주의자
14. 1) 수줍음이 많아서 ▪ 2) 소극적입니다 ▪ 3) 베풀 ▪ 4) 첫인상 ▪ 5) 고집이 센 ▪ 6) 활동적인 ▪ 7) 게으른
15. 1) a ▪ 2) c ▪ 3) a ▪ 4) a ▪ 5) b ▪ 6) c ▪ 7) b ▪ 8) d

2 Menschlicher Körper 인체

1. Gesicht 얼굴, Bein 다리, Kopf 머리, Brust 가슴, Hand 손, Fuß 발, Knie 무릎, Taille 허리, Finger 손가락, Schulter 어깨, Rücken 등, Ellenbogen 팔꿈치, Gesäß 엉덩이
2. 1) 떨 ▪ 2) 하체 ▪ 3) 기대 ▪ 4) 껴안아 ▪ 5) (붙)잡 ▪ 6) 주물러 ▪ 7) 밟아서 ▪ 8) 뛰 ▪ 9) 꼬

3. 1) d ▪ 2) e ▪ 3) b ▪ 4) a ▪ 5) c ▪ 6) i ▪ 7) j ▪ 8) f ▪ 9) g ▪ 10) h

4. 1) 발가락 ▪ 2) 침을 뱉다 ▪ 3) 소리를 듣다 ▪ 4) 쳐다보다 ▪ 5) 딸꾹질하다 ▪ 6) 맛을 보다

5. 1) b ▪ 2) b ▪ 3) a ▪ 4) c ▪ 5) a ▪ 6) d ▪ 7) b

6. 1) c ▪ 2) d ▪ 3) b ▪ 4) f ▪ 5) a ▪ 6) e

7. 1) c ▪ 2) b ▪ 3) d ▪ 4) f ▪ 5) e ▪ 6) a

8. 1) 울, 웃어 ▪ 2) 갸웃거려 ▪ 3) 깨물어 ▪ 4) 가빠 ▪ 5) 구르, 비비 ▪ 6) 노크해 ▪ 7) 악수하 ▪ 8) 가리키 ▪ 9) 풀 ▪ 10) 움츠리 ▪ 11) 끄덕이, 저으

9. 1) c ▪ 2) d ▪ 3) b ▪ 4) a ▪ 5) e

10. 1) 땀 ▪ 2) 삐 ▪ 3) 소화 ▪ 4) 근육 ▪ 5) 설사 ▪ 6) 무릎

11. 깁스, 삐었, 인대, 뼈

12. 1) 좋아요 ▪ 2) 돌았 ▪ 3) 아파요 ▪ 4) 거친 ▪ 5) 짧다 ▪ 6) 깊은 ▪ 7) 크다/크구나 ▪ 8) 무겁 ▪ 9) 가벼워 ▪ 10) 얇은 ▪ 11) 간지러울 ▪ 12) 넓은 ▪ 13) 빠지 ▪ 14) 박았어요 15) 감으

13. 1) 도파민이라는 호르몬은 맛있는 음식을 먹거나 좋아하는 것을 보거나 다음에 드는 사람을 만날 때 만들어집니다. ▪ 2) 사랑을 할 때 아드레날린이라는 호르돈이 만들어지면 얼굴이 빨개지고 심장이 두근거리고 손바닥에 땀이 나며 긴장과 불안을 느낍니다. ▪ 3) 잠을 잘 못 자면 다크서클이 생기기도 하고 식은 땀이 나기도 합니다.

3 Gefühle 감정

1. 1) 긍정적 감정: 반갑다, 좋아하다, 행복하다, 즐겁다, 자랑스럽다, 신나다, 설레다, 기쁘다, 사랑하다 ▪ 2) 부정적 감정: 외롭다, 싫어하다, 우울하다, 속상하다, 미워하다, 불쌍하다, 슬프다, 증오하다

2. 1) c ▪ 2) f ▪ 3) a ▪ 4) b ▪ 5) e ▪ 6) d

3. 4)

4. 1) d ▪ 2) c ▪ 3) a ▪ 4) b ▪ 5) b ▪ 6) b

5. 1) 무서워요 ▪ 2) 속상해요 ▪ 3) 창피해요 ▪ 4) 초조하고 떨려요 ▪ 5) 짜증나요

6. 1) 슬펐어요 ▪ 2) 겁났어요 ▪ 3) 질투를 해요 ▪ 4) 자랑스러웠어요 ▪ 5) 행복해서 날아갈 것 같았어요

7. 4)

8. 1) 그리워요 ▪ 2) 설레요 ▪ 3) 믿을 ▪ 4) 반한 ▪ 5) 자제력을 잃 ▪ 6) 건드리 ▪ 7) 허전해요

9. 1) 부끄럽다 ▪ 2) 반갑다 ▪ 3) 즐겁다 ▪ 4) 만족하다 ▪ 5) 겁을 내다

10. 1) 웃 ▪ 2) 불만이 많아요 ▪ 3) 싫어해요 ▪ 4) 좋은, 짜증내요 ▪ 5) 실망스러워요 ▪ 6) 불만이 많아요

11. 1) b ▪ 2) a ▪ 3) b ▪ 4) a ▪ 5) c ▪ 6) d

12. 1) 겨울이 되면 섬 사람들은 외롭고 쓸쓸합니다. ▪ 2) 날이 빨리 어두워지고 비바람도 세게 불어서 집에 빨리 들어갑니다. ▪ 3) 불만이나 걱정이 많은 얼굴 표정을 짓고 있습니다. ▪ 4) 저자는 고향 친구들과 함께 했던 즐겁고 행복한 시간을 그리워 합니다.

4 Menschliche Beziehungen 인간 관계

1. 1) 할아버지 ▪ 2) 외동아들 ▪ 3) 손녀 ▪ 4) 아버지 ▪ 5) 장남

2. 딸, 아들들, 자녀, 아들, 딸, 큰 아들, 둘째 아들, 딸, 손주, 손자, 손녀, 가족

3. 1)

4. 부모님, 형제, 오빠, 언니, 막내

5. 1) b ▪ 2) c ▪ 3) b ▪ 4) a ▪ 5) b ▪ 6) b ▪ 7) d

6. 1) c ▪ 2) d ▪ 3) b ▪ 4) b ▪ 5) c ▪ 6) a ▪ 7) c

7. 1) b ▪ 2) c ▪ 3) d ▪ 4) e ▪ 5) a

8. 1) 사별하다 ▪ 2) 아줌마 ▪ 3) 아는 사람 ▪ 4) 홀아비

9. 3)

10. 4) 6)

11. 1) 후배 ▪ 2) 지인 ▪ 3) 큰아버지

12. 1) 시아버지, 시어머니 ▪ 2) 장모님 ▪ 3) 조카 ▪ 4) 삼촌 ▪ 5) 고모, 이모 ▪ 6) 고모부, 이모부

13. 3)

14. 1) 어머니 ▪ 2) 할아버지 ▪ 3) 쌍둥이 ▪ 4) 날씨, Lösung: 어버이날

15. 1) b ▪ 2) c ▪ 3) e ▪ 4) a ▪ 5) d

16. 1) richtig ▪ 2) richtig ▪ 3) falsch ▪ 4) falsch ▪ 5) falsch ▪ 6) falsch ▪ 7) falsch

17. 돌아가셨, 사별을 하, 재혼했, 새어머니, 새어머니, 보살폈, 잘해줬, 마음이 잘 맞아서, 화목한

18.

1 딸		2 삼		3 결		4 우	
	5 사	촌		혼		정	
6 신	랑			7 식	구		
혼		8 삼	11 대			13 쌍	
9 여	10 보		12 가	족		동	
14 행	복		족		15 속	이	다

5 Sprachliche Routinesituationen 일상 생활 표현

1. 1) 유미: 안녕, 잘 지내? 사라: 응, 너는? ▪ 2) 부모님은 어떻게 지내셔? ▪ 3) 모두에게 안부 좀 전해. ▪ 4) 유미: 잘 가/잘 있어., 사라: 잘 있어/잘 가 ▪ 5) 안녕하세요. ▪ 6) 좋은 아침! ▪ 7) 내일 봐요., 안녕히 가세요. ▪ 8) 잘 자., 안녕히 주무세요.

2. 1) 쇼핑 잘 하세요. ▪ 2) 그 동안 어떻게 지냈어요?, 승진 진심으로 축하해요!

3. **(Lösungsvorschlag)**
안녕하세요? 제 소개를 하겠습니다. 제 이름은 사라 뮐러입니다. 저는 독일에서 왔습니다. 제 고향은 보훔입니다. 나이는 스무 살입니다. 제 직업은 학생입니다. 만나서 반갑습니다.

4. **(Lösungsvorschläge)**
1) 김민수 씨의 나이는 25살입니다. 한국사람입니다. 김민수 씨는 대학원생이고 서울에 삽니다. 김민수 씨는 농구를 좋아합니다. ▪ 2) 하인츠 막스 씨의 나이는 18살입니다. 독일에서 왔습니다. 하인츠 막스 씨는 학생이고 쾰른에 삽니다. 축구를 좋아합니다.

5. 1) 도와 주셔서 감사합니다 ▪ 2) 시간을 내 주셔서 감사합니다 ▪ 3) 늦어서 미안합니다 ▪ 4) 연락이 늦어서 미안합니다 ▪ 5) 방해해서 미안합니다 ▪ 6) 와 줘서 감사합니다

6. Geburtstag 생일, Feiertag 공휴일, Festtag 명절, Einschulung 입학, Hochzeit 결혼, Verlobung 약혼, Abschlussfeier 졸업

7. Neujahr 새해, Erntedankfest 추석, Weihnachten 크리스마스, Ostern 부활절, Elterntag 어버이날, Kindertag (5. Mai) 어린이날, Lehrertag (15. Mai) 스승의 날, Feier zum ersten Geburtstag 돌잔치

8. 1) c ▪ 2) a ▪ 3) c ▪ 4) c ▪ 5) b ▪ 6) a ▪ 7) c

9. 1) 메리 크리스마스! ▪ 2) 새해 복 많이 받으세요! ▪ 3) 생일 축하합니다! ▪ 4) 결혼 축하합니다!

10. 1) Geburtstag feiern 생일 파티를 하다 ▪ 2) eine Beerdigung abhalten 장례식을 치르다 ▪ 3) sich verloben 약혼을 하다 ▪ 4) Hochzeit absagen 결혼식을 취소하다 ▪ 5) Wünsche in Erfüllung gehen 소원을 이루다

11. 1) b ▪ 2) c ▪ 3) a ▪ 4) e ▪ 5) d

12. 2) 4)

13. 1) 따돌림 ▪ 2) 화해 ▪ 3) 고자질 ▪ 4) 야단쳤어요/혼냈어요 ▪ 5) 용서했어요 ▪ 6) 시비를 걸었 ▪ 7) 야유

14. 1) 만족하다 ▪ 2) 친하다 ▪ 3) 양보하다 ▪ 4) 화해하다

15. 1) 부정하다 ▪ 2) 침묵하다 ▪ 3) 찬성하다 ▪ 4) 고집하다 ▪ 5) 추측하다 ▪ 6) 주장하다 ▪ 7) 동의하다 ▪ 8) 반대하다

16. sich einmischen 간섭하다/참견하다, Beratungsgespräch führen 면담하다, trotzen 대들다, betonen/hervorheben 강조하다, sich beraten 상담하다, argumentieren 논의하다, debattieren 토론하다, diskutieren 의논하다, protestieren 항의하다

6 Gesundheit und Krankheit 건강과 질병

1.

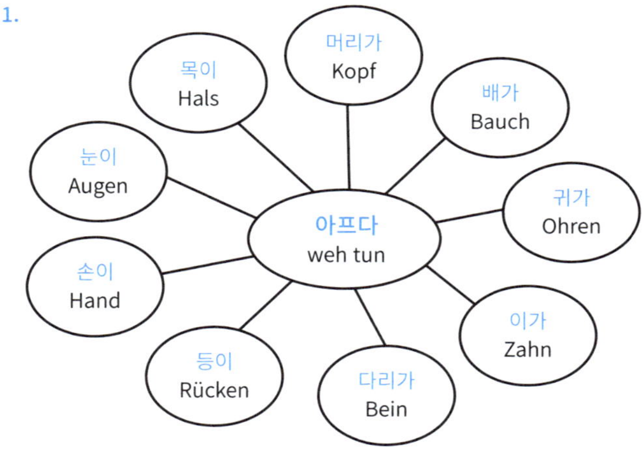

2. 1) 머리, 약, 두통약, 아스피린 ▪ 2) B: 기침, 열 C: 배, 소화 D: 이, 잇몸 E: 눈, 눈물

3. 1) a ▪ 2) d ▪ 3) b ▪ 4) d ▪ 5) a ▪ 6) b ▪ 7) c

4. (이비인후과) 귀에서 소리가 난다, (응급실) 심장마비로 쓰러진다, (내과) 속이 쓰리고 위가 아프다, (치과) 이가 흔들린다, (산부인과) 생리통이 심하다, (안과) 글씨가 잘 안 보인다, (피부과) 얼굴에 여드름이 많이 난다, (소아과) 아기에게 예방주사를 맞힌다

5. 1) c, i ▪ 2) b, ii ▪ 3) a, iii ▪ 4) d, iv ▪ 5) e, v

6. 목, 열, 감기, 해열제, 약국

7. 1) d ▪ 2) b ▪ 3) c ▪ 4) f ▪ 5) a ▪ 6) e

8. 안 좋아요, 구토, 설사, 식중독, 병원

9. 1) c ▪ 2) d ▪ 3) a ▪ 4) f ▪ 5) b ▪ 6) e

10. 1) d ▪ 2) a ▪ 3) b ▪ 4) e ▪ 5) c

11. 1) 주사 ▪ 2) 치약 ▪ 3) 화장실 ▪ 4) 꾀병 ▪ 5) 화상을 입다

12. 2) 4)

13. 1) 주사를 맞다 ▪ 2) 퇴원하다 ▪ 3) 약이 독하다 ▪ 4) 환자 ▪ 5) 수술 받다 ▪ 6) 약이 잘 듣다

14. 소화제, 식후, 한 알씩

15. 의식, 쓰러져서, 구급차, 구급차, 실려갔어요. 의식, 응급실, 수술, 수술, 의식, 상처, 다치, 부상, 휠체어

16.

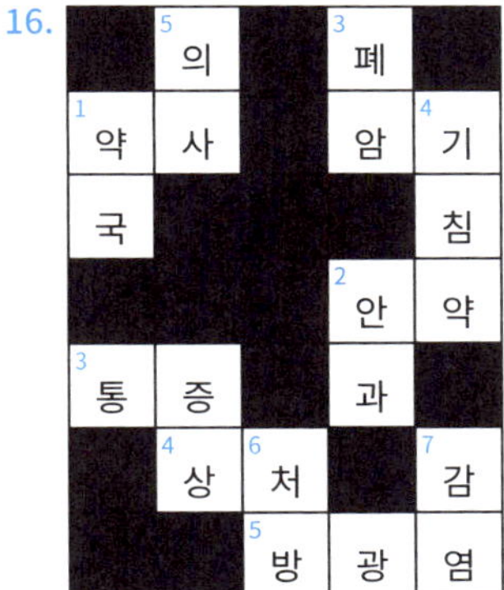

17. 치통, 약국, 치료, 흔들리, 염증, 썩, 뽑는, 부분 마취, 충치

18. 1) b ▪ 2) a ▪ 3) c) 4) b ▪ 5) c ▪ 6) a ▪ 7) d

19. **(Lösungsvorschläge)**
1) 저는 눈이 좋지 않습니다. ▪ 2) 안경을 쓰고 있습니다. ▪ 3) 시력은 -1.5입니다. ▪ 4) 근시입니다. ▪ 5) 시력검사를 1년에 한번 받습니다.

7 Einkaufen 쇼핑하기 / 장보기

1. 1) c ▪ 2) b ▪ 3) a ▪ 4) f ▪ 5) d ▪ 6) e ▪ 7) g

2. 1) 수산시장 ▪ 2) 보석상(점) 3) 와인 전문점 ▪ 4) 화장품 가게 ▪ 5) 유제품

3. 개업, 장사, 닫았어요, 단골 손님, 가게 주인, 영업 시간, 휴무일

4. 1) 팔다 ▪ 2) 나쁘다 ▪ 3) 저가 ▪ 4) 안

5. 무엇을/뭐/뭘 찾으세요, 입어 보세요, 비싸요, 깎아, 정가, 반값, 지불, 현금, 지불할게요/낼게요, 영수증

6. 1) 아이들을 위한 장난감은 4층 유아용품 매장에서 살 수 있습니다. ▪ 2) 향수와 파운데이션, 선크림은 1층 화장품 매장에서 살 수 있습니다. ▪ 3) 새로 나온 음료수를 맛볼 수 있는 곳은 지하 식료품 매장입니다. ▪ 4) TV나 냉장고는 5층 가전제품 매장에서 살 수 있습니다. ▪ 5) 백화점 안이 깨끗하고 환하고 밝습니다. 직원들의 서비스가 친절합니다. 백화점 안에 여러 매장이 있어서 다양한 종류의 상품들을 구입할 수 있습니다.

7. Shampoo 샴푸, Seife 비누, Haarspülung 린스, sich rasieren 면도하다, Duschgel 샤워젤, Zahnbürste 칫솔, Zahnpasta 치약, Parfüm 향수, Wimperntusche 마스카라, Lidschatten 아이쉐도우, Nagellack 매니큐어, Nagelknipser 손톱깎기

8. 1) 낀 ▪ 2) 하 ▪ 3) 꽂 ▪ 4) 써요 ▪ 5) 접어

9. 1) 썼어요/쓰고 있어요 ▪ 2) 끼는 ▪ 3) 맸, 둘렀어요 ▪ 4) 메, 들어요

10. 1) 자켓 ▪ 2) 와이셔츠 ▪ 3) 치마 ▪ 4) 외투/코트 ▪ 5) 원피스 ▪ 6) 잠옷 ▪ 7) 양복/정장 ▪ 8) 티셔츠 ▪ 9) 스웨터

11. 팬티, 양말, 청바지, 단추, 블라우스, 스타킹, 조끼, 수영복, 지퍼, 교복

12. 1) 벗다 ▪ 2) 풀다 ▪ 3) 낮다 ▪ 4) 불편하다

13. 1) 봉지 ▪ 2) 갑 ▪ 3) 장 ▪ 4) 자루 ▪ 5) 통 ▪ 6) 조각

14. 1) c ▪ 2) a ▪ 3) f ▪ 4) b ▪ 5) d ▪ 6) e

15. 1) falsch ▪ 2) falsch ▪ 3) richtig ▪ 4) falsch ▪ 5) richtig

8 Essen und Trinken 음식과 음료

1. 1) 야채: 토마토, 양파, 당근, 오이, 무, 버섯 ▪ 2) 과일: 바나나, 딸기, 자두, 귤, 망고

2. 사과, 딸기, 귤, 상자, 싱싱해요, 시, 송이

3. 1) e ▪ 2) a ▪ 3) b ▪ 4) c ▪ 5) d

4. 2 Tintenfische 오징어 두 마리, 3 Trauben 포도 세 송이, 1 Wassermelone 수박 한 통, 4 Kisten Birnen 배 네 상자, 6 Eier 달걀 여섯 개, 600 g Rindfleisch 소고기 한 근, 10 Chinakohl 배추 열 포기

5. 1) 배, ▪ 2) 당근 ▪ 3) 감 ▪ 4) 가볍다 ▪ 5) 시들다

6. 2)

7. 1) 갈아 ▪ 2) 썰어 ▪ 3) 데쳐 ▪ 4) 싱싱한 ▪ 5) 생으로 ▪ 6) 질겨서 ▪ 7) 까, 벗길/깔 ▪ 8) 비비 ▪ 9) 저어

8. 1) b ▪ 2) a ▪ 3) e ▪ 4) c ▪ 5) d

9. gebratenes Fleisch 구운 고기. frittierter Fisch 튀긴 생선, gedämpfter Fisch 조린 생선, getrockneter Fisch 말린 생선, geschmorter Fisch 찐 생선, verbranntes Fleisch 태운 고기, gekochtes Fleisch 삶은 고기, gefrorenes Fleisch 얼린 고기

10. 1) 물고기 ▪ 2) 어묵 ▪ 3) 깻잎 ▪ 4) 자두

11. 2) 자른다 ▪ 3) 벗긴다 ▪ 4) 꺼낸다 ▪ 5) 발라 낸다 ▪ 6) 냄새

12. 1) 밥 ▪ 2) 파스타 ▪ 3) 피시 앤드 칩스 ▪ 4) 핫도그 ▪ 5) 밀가루 ▪ 6) 피자, 감자 튀김

13. 1) 단백질 ▪ 2) 섬유질 ▪ 3) 유제품 ▪ 4) 탄수화물 ▪ 5) 칼로리 ▪ 6) 비타민 C, 철분

14.

1 무		2 수	분		4 살
	3 호	박			구
	두		8 자		
5 끓			9 두	유	10 마
	6 고				늘
7 딸	기		11 오	이	

15.

	1 게		2 연	어	6 오
3 해		4 새			징
물		우		5 문	어
	8 참		9 조		
7 멸	치		개		10 굴

16. **(Lösungsvorschläge)**
1) 고기는 좋아하는데 생선은 싫어합니다. ▪ 2) 저는 닭고기를 좋아합니다. ▪ 3) 생선을 먹을 때 비린내가 나서 싫어합니다. ▪ 4) 구워서 먹습니다.

17. 1) b ▪ 2) d ▪ 3) b ▪ 4) e ▪ 5) c ▪ 6) d

18. 우유, 달걀프라이/계란프라이, 달걀/계란, 식빵, 햄, 버터, 체다치즈

19. 1) 엄마가 즐겨 드시는 빵은 곡물빵, 통밀빵 그리고 검은빵입니다. ▪ 2) 아빠가 즐겨 드시는 빵은 크루아상과 롤빵입니다. ▪ 3) 뮈슬리는 독일식 오트밀입니다. ▪ 4) 우리 가족이 아침 식사로 즐겨 먹지 않는 것은 햄이나 소시지입니다.

20. 3 Eier 3 개 달걀, 250 ml Milch 250 밀리리터 우유, 250 g Mehl 250 그램 밀가루, 125 g Zucker 125 그램 설탕, 125 g Margarine 125 그램 마가린, 1 TL Backpulver 1 티스푼 베이킹파우더

Eiweiß 단백질, Fett 지방, Kohlenhydrate 탄수화물
1) 흰자, 노른자 ▪ 2) (휘)젓 ▪ 3) 젓 ▪ 4) 넣, 저어 ▪ 5) 체로 거른다 ▪ 6) 넣, 저어 ▪ 7) 굽는다 ▪ 8) 잼

21. 1) f ▪ 2) e ▪ 3) g ▪ 4) b ▪ 5) a ▪ 6) d ▪ 7) c

22. 1) 따뜻한 음식: 감자 튀김, 쇠고기국, 스프, 갈비탕, 부대찌개, 호떡 ▪ 2) 차가운 음식: 빵, 아이스크림, 냉면, 케익, 해초 샐러드 ▪ 3) 알코올 음료: 맥주, 와인, 막걸리, 샴페인, 위스키 ▪ 4) 무알코올 음료: 물, 주스, 우유, 홍차, 냉커피

23. 1) 짜다 ▪ 2) 맵다 ▪ 3) 시다 ▪ 4) 쓰다 ▪ 5) 맵다 ▪ 6) 달다 ▪ 7) 시다 ▪ 8) 짜다

24. 1) 맛없다 ▪ 2) 질기다 ▪ 3) 식다/차다 ▪ 4) 차갑다 ▪ 5) 싱겁다

25. 1) 마요네즈 ▪ 2) 울다 ▪ 3) 물엿 ▪ 4) 식초

26. 1) b ▪ 2) a ▪ 3) d ▪ 4) c ▪ 5) g ▪ 6) e ▪ 7) f

27. 몇 분이세요, 두 명이에요, 불고기, 순두부찌개, 맥주 한 잔, 콜라 한 병, 맛있게 드세요, 셀프, 맛있게 드셨어요, 아주 잘 먹었어요, 따로 계산해 주세요

28. 1) b ▪ 2) a ▪ 3) d ▪ 4) c ▪ 5) e

9 Wohnen und Haushalt 주거와 집안일

1. 부동산, 아파트, 한옥, 원룸, 기숙사, 하숙집

부	바	믈	사	낭	봄
키	동	한	옥	그	하
라	츠	산	아	게	숙
기	미	가	파	하	집
토	숙	스	트	미	팀
리	다	사	터	원	룸

2. 3)

3. 1) 지불하다 ▪ 2) 임대하다 ▪ 3) 마련하다/사다 ▪ 4) 구하다

4. 1) b ▪ 2) a ▪ 3) d ▪ 4) c ▪ 5) e

5. 1) 올리다 ▪ 2) 해약하다 ▪ 3) 세입자 ▪ 4) 임차하다

6. 1) 하숙집 ▪ 2) 양로원 ▪ 3) 한옥 ▪ 4) 기숙사 ▪ 5) 고층빌딩 ▪ 6) 오피스텔 ▪ 7) 월세 ▪ 8) 집들이

7. 1) 침실 ▪ 2) 거실 ▪ 3) 부엌 ▪ 4) 욕실 ▪ 5) 화장실 ▪ 6) 공부방 ▪ 7) 손님방

8. 1) 문을 열다 Tür öffnen ▪ 2) 문을 잠그다 Tür abschließen ▪ 3) 문을 드드리다 an die Tür klopfen ▪ 4) 문을 닫다 Tür schließen ▪ 5) 계단을 올라가다 die Treppe hinaufgehen ▪ 6) 계단을 내려가다 die Treppe heruntergehen

9. 1) 문 ▪ 2) 계단 ▪ 3) 창문 ▪ 4) 집, 방 ▪ 5) 현관문

10. 1) 넓다 ▪ 2) 열다 ▪ 3) 벗다 ▪ 4) 끄다 ▪ 5) 낮다 ▪ 6) 밝다

11. 주택, 기숙사, 집세, 난방비, 뺀, 전기 요금, 수도 요금, 입주하, 보증금, 얼마나, 부엌, 욕실, 발코니

12. 1) 사진을 걸다 ▪ 2) 불을 켜다 ▪ 3) 거울 ▪ 4) 알람 시계 ▪ 5) 보온 물주머니

13. 1) d ▪ 2) b ▪ 3) a ▪ 4) e ▪ 5) c

14. 1) 잠을 자다 ▪ 2) 늦잠을 자다 ▪ 3) 악몽을 꾸다 ▪ 4) 불을 켜다 ▪ 5) 꿈을 꾸다 ▪ 6) 코를 골다 ▪ 7) 잠에서 깨어나다 ▪ 8) 알람 시계를 맞추다

15. 3)

16.

커튼 Vorhang
오디오 세트 Stereoanlage
그림 Bild
창문 Fenster
전기스위치 Lichtschalter
책장/책꽂이 Bücherregal
텔레비전 TV
안락의자 Sessel
책 Buch
꽃병 Vase
전화(기) Telefon
소파 Sofa
콘센트 Steckdose
서랍장 Schubladenschrank
거실 탁자 Couchtisch

17. Badewanne 욕조, Spiegel 거울, Kamm 빗, Handtuch 수건, Toilettenpapier 휴지/화장지, Rasierer 면도기, Föhn 드라이기, Waschbecken 세면대

18. 1) e ▪ 2) b ▪ 3) d ▪ 4) a ▪ 5) c

19. 전기밥솥, 김치냉장고, 냄비, 주전자, 오븐, 식기세척기

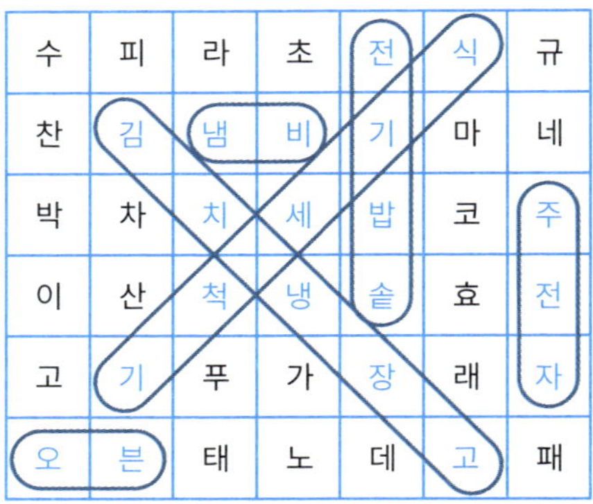

수	피	라	초	전	식	규
찬	김	냄	비	기	마	네
박	차	치	세	밥	코	주
이	산	척	냉	솥	효	전
고	기	푸	가	장	래	자
오	븐	태	노	데	고	패

20. 1) d ▪ 2) c ▪ 3) b ▪ 4) e ▪ 5) f ▪ 6) a

21. 1) 주전자 ▪ 2) 통조림 따개 ▪ 3) 칼, 도마 ▪ 4) 프라이팬 ▪ 5) 쓰레기 봉투 ▪ 6) 갈 ▪ 7) 반찬통 ▪ 8) (밥)주걱

22. 1) 숟가락 ▪ 2) 젓가락 ▪ 3) 그릇 ▪ 4) 잔 ▪ 5) 나이프, 포크 ▪ 6) 주방 가위

23. 1) falsch ▪ 2) falsch ▪ 3) richtig ▪ 4) falsch ▪ 5) falsch ▪ 6) richtig

24. 1) c ▪ 2) f ▪ 3) e ▪ 4) b ▪ 5) d ▪ 6) a

25. 1) 못을 박다 ▪ 2) 다리미 ▪ 3) 낙엽 ▪ 4) 걸레

26. 정원일, 깎, 심, 잡초, 심었어요, 해바라기

27. 1) b ▪ 2) d ▪ 3) d, e ▪ 4) a, e ▪ 5) a, e, h

10 Tiere und Pflanzen 동물과 식물

1.

2. 개 숫캐 암캐 강아지, 소 숫소 암소 송아지, 닭 수탉 암탉 병아리, 말 수말 암말 망아지

3. 1) b ▪ 2) c ▪ 3) a ▪ 4) d ▪ 5) f ▪ 6) e

4. 1) 기린 ▪ 2) 코끼리 ▪ 3) 다람쥐 ▪ 4) 사자 ▪ 5) 호랑이 ▪ 6) 하마 ▪ 7) 토끼 ▪ 8) 원숭이

5. 1) 야생 동물: 사자, 코끼리, 여우, 기린, 호랑이, 곰 ▪ 2) 가축 /농장 동물: 소, 닭, 양, 오리 ▪ 3) 곤충: 모기, 벌, 개미, 나비

6. 1) c ▪ 2) b ▪ 3) a ▪ 4) a ▪ 5) b ▪ 6) b

7. 1) 육식동물: 사자, 호랑이, 북극곰 ▪ 2) 초식동물: 염소, 소, 기린, 양, 코끼리

8. 1) 멍멍 ▪ 2) 꽥꽥 ▪ 3) 야옹 ▪ 4) 꼬끼오 ▪ 5) 꿀꿀 ▪ 6) 음메 ▪ 7) 삐악삐악 ▪ 8) 구구

9. 1) falsch ▪ 2) richtig ▪ 3) richtig ▪ 4) falsch ▪ 5) falsch

10.

	2 코		3 동	물	4 원
1 토	끼	장			숭
	리		5 고	6 양	이
7 쥐		8 닭		털	

11. 1) falsch ▪ 2) richtig ▪ 3) richtig ▪ 4) richtig ▪ 5) falsch ▪ 6) richtig ▪ 7) falsch

12. 1) b ▪ 2) d ▪ 3) c ▪ 4) e ▪ 5) a

13.

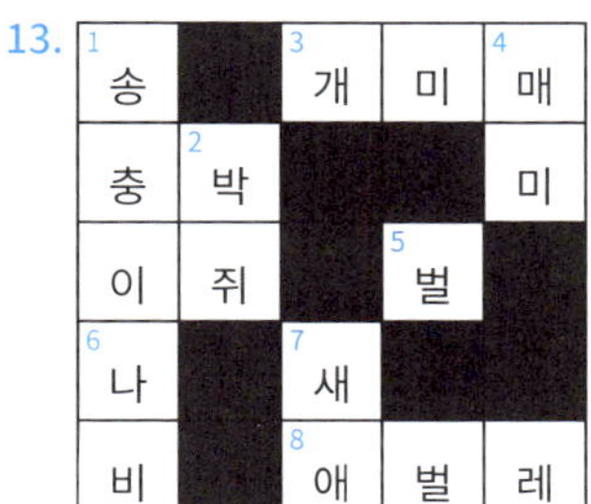

1 송		3 개	미	4 매
충	2 박			미
이	쥐		5 벌	
6 나		7 새		
비		8 애	벌	레

14. 1) 내가 특히 싫어하는 곤충은 모기와 파리입니다. ▪ 2) 딸이 싫어하는 곤충은 송충이와 지렁이입니다. ▪ 3) 우리 집에 사는 '나비'가 좋아하는 곤충은 거미와 파리입니다. ▪ 4) 우리 집에 사는 '나비'가 싫어하는 곤충은 벌이고, 벌에 쏘인 적이 있어서 무서워합니다.

15.

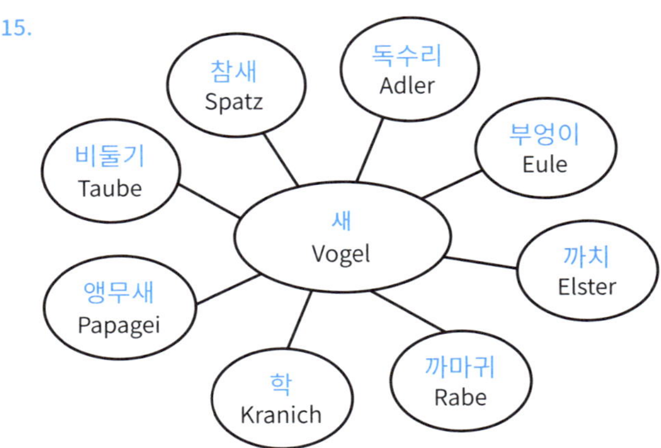

16. 1) 갈매기 ▪ 2) 앵무새 ▪ 3) 학 ▪ 4) 비둘기 ▪ 5) 딱따구리 ▪ 6) 까마귀 ▪ 7) 부엉이/올빼미 ▪ 8) 독수리

17. 4)

18. 1) c ▪ 2) d ▪ 3) a ▪ 4) a ▪ 5) b ▪ 6) d ▪ 7) b ▪ 8) b ▪ 9) a ▪ 10) b ▪ 11) c

19. 1) 나비 ▪ 2) 다람쥐 ▪ 3) 토끼 ▪ 4) 염소 ▪ 5) 앵무새

20. 1) c ▪ 2) a ▪ 3) b ▪ 4) f ▪ 5) e ▪ 6) d

21. 1) 이끼 ▪ 2) 벚꽃나무 ▪ 3) 제라늄 ▪ 4) 난초

22. 1) b ▪ 2) d ▪ 3) a ▪ 4) c ▪ 5) d ▪ 6) c ▪ 7) c ▪ 8) d ▪ 9) b ▪ 10) c ▪ 11) d

23. 가지, 새싹, 잔디, 화분, 화단, 꽃씨, 목련, 열매, 단풍

24. **(Lösungsvorschlag)**
독일에서 ‚포인세티아' (Weihnachtsstern) 라는 꽃은 특별한 의미를 가지고 있습니다. 종교적인 의미도 가지며 사랑, 희망, 평화 그리고 호의를 상징하기도 합니다. 특히 크리스마스가 되면 포인세티아를 선물로 주고 받는 사람이 아주 많습니다. 이런 특별한 의미를 가지고 있어서 포인세티아를 사거나 선물로 받을 때 기분이 좋아집니다.

11 Wetter und Klima 날씨와 기후

1. 1) a ▪ 2) h ▪ 3) f ▪ 4) g ▪ 5) c ▪ 6) b ▪ 7) i ▪ 8) e ▪ 9) d

2. 1) 건조하다 ▪ 2) 춥다 ▪ 3) 나쁘다 ▪ 4) 흐리다 ▪ 5) 멈추다 ▪ 6) 지다 ▪ 7) 약하다 ▪ 8) 짧다

3. 1) 일기예보, 맑, 빗방울, 불, 쏟아지, 일기예보, 그치 ▪ 2) 길어서 ▪ 3) 끼, 걷히, 맑은 ▪ 4) 얼

4. 1) 새소리 ▪ 2) 해가 뜨다 ▪ 3) 장마 ▪ 4) 별

5. 날씨, 덥, 습해요, 일기예보, 흐리, 비가 온
6. 1) (아침) 이슬 ▪ 2) 지진 ▪ 3) 꽃가루 ▪ 4) 무더운
7. 1) a ▪ 2) b ▪ 3) c ▪ 4) a ▪ 5) c
8. 1) b ▪ 2) b ▪ 3) c ▪ 4) c ▪ 5) b ▪ 6) b
9. 1) b ▪ 2) a ▪ 3) d ▪ 4) i ▪ 5) h ▪ 6) c ▪ 7) f ▪ 8) g ▪ 9) e
10. 1) falsch ▪ 2) falsch ▪ 3) richtig ▪ 4) richtig ▪ 5) richtig ▪ 6) falsch ▪ 7) falsch ▪ 8) richtig
11. 영하, 체감 온도, 이상기온, 영상, 폭염, 장마, 홍수, 지구온난화
12. 1) a ▪ 2) c ▪ 3) a ▪ 4) d ▪ 5) c
13. 1) 공기 오염 ▪ 2) 사막화 ▪ 3) 수력 에너지 ▪ 4) 재생 에너지 ▪ 5) 체감 온도
14. Schadstoff 유해물질, Abwasser 폐수, Meeresspiegel 해수면, Vulkan 화산, Erdrutsch 산사태, Naturschutz 자연보호, Ökosystem 생태계, Schatten 그늘
15. 1) 지구 온난화로 인해 생기는 현상에는 해수면 상승, 홍수, 산불과 가뭄이 있습니다. ▪ 2) 남태평양의 아름다운 섬은 기후 변화로 인해 해수면이 올라가면서 섬의 면적이 줄어들고 있어서 계속 사라지고 있습니다. ▪ 3) 동남아시아에서는 지구 온난화로 인해 홍수와 폭풍우 같은 자연 재해가 발생해서 해마다 심한 피해가 일어납니다. ▪ 4) 기온 상승으로 인해 연평균 강수량이 감소하면서 사막화가 생깁니다.

12 Schule und Universität 학교와 대학교

1. 1) d ▪ 2) c ▪ 3) f ▪ 4) j ▪ 5) a ▪ 6) h ▪ 7) g ▪ 8) e ▪ 9) i ▪ 10) b ▪ 11) k ▪ 12) l
2. 5 × (6x + 5) 수학, menschliche DNA 생물, Periodensystem 화학, Schwerkraft 물리, Programmieren 정보학, gesellschaftl. System 사회, Demokratie 정치, Joseon-Dynastie 1392 역사, Ethik und Moral 도덕, Noten lesen lernen 음악, Bibelkunde 종교, Vincent van Gogh 미술, Turnen in der Halle 체육, „Hi! My name is ...“ 외국어
3. 1) 수학 ▪ 2) 지리 ▪ 3) 영어 ▪ 4) 물리 ▪ 5) 생물 ▪ 6) 역사 ▪ 7) 체육 ▪ 8) 국어
4. 1) d ▪ 2) c ▪ 3) a ▪ 4) b ▪ 5) c
5. 1) erklären 설명하다 ▪ 2) korrigieren 교정하다 ▪ 3) präsentieren 발표하다 ▪ 4) diskutieren 토론하다 ▪ 5) vorarbeiten 예습하다 ▪ 6) wiederholen 복습하다 ▪ 7) Aufgaben lösen 문제를 풀다 ▪ 8) zusammenfassen 요약하다 ▪ 9) Diktat schreiben 받아쓰다
6. 1) 제출하다 ▪ 2) 빼먹다 ▪ 3) 지우다 ▪ 4) 취소되다 ▪ 5) 체크하다 ▪ 6) 필기하다 ▪ 7) 올리다 ▪ 8) 나가다 ▪ 9) 펴다 ▪ 10) 암기하다
7. 4)

8. 3)

9. 내줬, 숙제 검사, 못 왔, 숙제를 내, 떠들어요, 대답, 방해, 속삭이는, 방해, 잡담이나 수다를 떨, 쉬는 시간, 시험, 복습할, 빠지, 토론하, 준비한 자료를 발표해, 마치

10. Stipendium 장학금, Semester 학기, Universität 대학교, Studiengebühr 등록금, Leistungspunkte 학점, Semestergebühr 학비, Seminarraum 강의실, Hausarbeit 리포트 Studentenausweis 학생증

11. 1) 전공 ▪ 2) 강의 ▪ 3) 시험 ▪ 4) 한국학 ▪ 5) 조교 ▪ 6) 학사 논문 ▪ 7) 석사 과정

12. 한국학, 겨울 학기, 필수 과목, 수업, 구두 시험, 합격하, 학점, 프레젠테이션, 강의실, 필기 시험, 학점, 선택 과목, 복수 전공

13. 1) 스캐너 ▪ 2) 각도기 ▪ 3) 열쇠고리 ▪ 4) 책가방을 고르다 ▪ 5) 고치다

14. 1) d ▪ 2) c ▪ 3) c ▪ 4) a ▪ 5) c) ▪ 6) b ▪ 7) d ▪ 8) b ▪ 9) a ▪ 10) c

13 Beruf und Arbeitsleben 직업과 직장 생활

1. 2) 농사를 지어요 ▪ 3) 나무로 가구를 만들어요 ▪ 4) 학생을 가르쳐요 ▪ 5) 기차 (배, 비행기) 안에서 일해요 ▪ 6) 음식을 만들어요 ▪ 7) 음악의 멜로디를 창작해요 ▪ 8) 그림을 그려요 ▪ 9) 글을 다른 언어로 옮겨요 ▪ 10) 편지를 배달해요

2. 2) 예술가 Künstler ▪ 3) 과학자 Naturwissenschaftler ▪ 4) 경찰관 Polizist ▪ 5) 음악가 Musiker ▪ 6) 변호사 Rechtsanwalt ▪ 7) 회사원 Büroangestellter ▪ 8) 미용사 Friseur ▪ 9) 소방관 Feuerwehrmann ▪ 10) 연기자 Schauspieler

3. 직업, 요리사, 봉급, 힘들어요, 구하/찾

4. 1) 출근하, 퇴근해 ▪ 2) 비웠어/비우셨어 ▪ 3) 출장 ▪ 4) 승진 ▪ 5) 야근 ▪ 6) 회식 ▪ 7) 직장 동료 ▪ 8) 재택근무 ▪ 9) 회의 ▪ 10) 결근

5. 1) 노동 허가증 ▪ 2) 노동 계약/근로 계약 ▪ 3) 파업 ▪ 4) 육아 휴직 ▪ 5) 계약직

6. 학력, 담당 업무, 제출 서류, 접수마감일

7. 1) 쌓다 ▪ 2) 따다

8.

9. Direktionsassistent 대리, Abteilungsleiter 과장, Geschäftsführer 부장, Chef/Direktor 사장, CEO/Präsident 회장/이사장

10. 1) 처리해 ▪ 2) 끝나가 ▪ 3) 책임지/담당하 ▪ 4) 복사해 ▪ 5) 참석해 ▪ 6) 담당하/책임지

11. 여보세요, 통화할, 거신, 연결해

12. 1) b ▪ 2) a ▪ 3) d ▪ 4) b ▪ 5) d

13. 1) 동사무소/주민센터: 혼인 신고, 전입 신고, 신분증을 갱신하다, 사망 신고 ▪ 2) 은행: 환전하다, 통장을 만들다, 송금하다 ▪ 3) 우체국: 소포를 부치다, 우표를 붙이다, 배송하다

14. 1) b ▪ 2) d ▪ 3) a ▪ 4) e ▪ 5) c

15. 1) 은행나무 ▪ 2) 영수증 ▪ 3) 주가 ▪ 4) 귀하

16. 1) a ▪ 2) b ▪ 3) c ▪ 4) d ▪ 5) a

17. 3)

18. 1) 받는 사람 ▪ 2) 출금하다 ▪ 3) 높다 ▪ 4) 꺼내다

19. 3)

20. 1) 입금/출금 ▪ 2) 거래 ▪ 3) 넣어 ▪ 4) 비밀번호 ▪ 5) 금액 ▪ 6) 수정하 ▪ 7) 확인해 ▪ 8) 거래 ▪ 9) 종료하 ▪ 10) 꺼내(어)

21. 1) 소포, 신분증 ▪ 2) 우표, 우표, 우표 ▪ 3) 소포, 서식 용지, 내용물, 얼다나, 추적할, 우편물 추적 ▪ 4) 부치, 등기

22. 1) d ▪ 2) c ▪ 3) d ▪ 4) a

23. Adresse 주소, Postleitzahl 우편번호, Briefmarke 우표, Absender 발송인, Empfänger 수신인

24. 받는 사람:
대한민국 경기도 성남시 분당구 하오개로 200 (우편번호:13455)

25.

1 현	2 금	■	■	3 시	청
■	액	■	4 주	민	■
5 전	■	6 영	주	권	■
입	■	수	■	■	■
7 신	분	증	■	8 환	율
고	■	■	9 동	전	■

14 Verkehr 교통

1. 1) e ▪ 2) h ▪ 3) a ▪ 4) b ▪ 5) d ▪ 6) c ▪ 7) i ▪ 8) f ▪ 9) g
2. 4)
3. 4)
4. 1) 승차하다 ▪ 2) 줄이다 ▪ 3) 어기다 ▪ 4) 좌회전하다 ▪ 5) 도착하다 ▪ 6) 후진하다
5. 1) 차/자동차, 대중교통, 주차, 편하, 지하철역/전철역, 지하철역/전철역, 몇 번, 하차해야/내려야, 버스로, 버스 정류장, 얼마나 자주, 운행 시간표, 15분마다
   2) 공항, 도착, 다니지 않아요/안 다녀요, 택시 승차장/승강장, 잡을
6. 트램, 교통사고, 헬멧, 자전거, 화물선, 요트, 잠수함, 입구, 출구, 공항

트	램	헬	멧	홍	단
교	통	사	고	자	화
면	공	차	출	전	물
요	항	입	구	거	선
트	허	잠	수	함	품

7. 1) b ▪ 2) d ▪ 3) a ▪ 4) a ▪ 5) a
8. Fußgänger stehen an der Ampel. 보행자들이 신호등 앞에 서 있어요., Bei Grün muss man über die Straße gehen. 파란 불이 켜질 때 길을 건너야 해요., Autos stehen im Stau. 차가 밀려요., Wo soll ich umsteigen? 어디에서 갈아타야/환승해야 해요?, Biegen Sie bitte vor der Post nach links ab. 우체국 앞에서 좌회전해 주세요.
9.

Einbahnstraße · Parkplatz · 버스 전용 nur für Busse · nur für Fahrräder

Fußgängerzone · Kinderschutz · Zebrastreifen · Abschleppzone

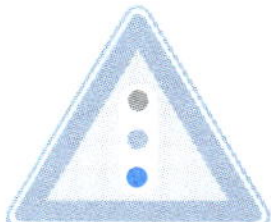

신호등
Ampel

도로 공사중
Straßenbaustelle

미끄러운 도로
glatte Straße

교차로
Kreuzung

10. 1) c ▪ 2) b ▪ 3) d ▪ 4) a ▪ 5) b ▪ 6) c

11. 1) b ▪ 2) d ▪ 3) a ▪ 4) f ▪ 5) c ▪ 6) e

12. 1) b ▪ 2) f ▪ 3) e ▪ 4) c ▪ 5) a ▪ 6) d

13. 1) 셀프 주유소를 이용하는 사람이 늘어나고 있어서 직원들의 수가 줄어들고 있습니다.
    2) 주유를 할 때 차량에 따른 기름의 종류와 주유 용량을 파악해야 합니다.
    3) 시동이 켜진 상태에서 주유를 하게 되면 기름이 엔진으로 들어가서 차가 고장날 수 있습니다.

15 Urlaub und Reise 휴가와 여행

1. 1) 시작되다, 짧다, 길다, 끝나다, 지나가다 ▪ 2) 보내다, 즐기다, 얻다, 내다, 받다

2. Mutterschutzurlaub 출산 휴가, bezahlter Urlaub 유급휴가, Jahresurlaub 연차 휴가, Sonderurlaub 특별휴가, kurzer Urlaub 단기 휴가, langer Urlaub 장기 휴가

3. 1) 배낭 여행 ▪ 2) 출장 ▪ 3) 패키지 여행 ▪ 4) 해외 여행 ▪ 5) 신혼 여행 ▪ 6) 세계 여행 ▪ 7) 어학 연수 ▪ 8) 당일 여행 ▪ 9) 크루즈 여행

4. 1) 예식장 ▪ 2) 캠핑하러 가다 ▪ 3) 알바하다 ▪ 4) 추천하다

5. 1) 수족관 ▪ 2) 교회 ▪ 3) 식물원 ▪ 4) 전망대 ▪ 5) 역사 박물관 ▪ 6) 동물원

6. 1) a ▪ 2) h ▪ 3) e ▪ 4) f ▪ 5) g ▪ 6) i ▪ 7) b ▪ 8) c ▪ 9) d

7. 1) 여행사 ▪ 2) 성수기 ▪ 3) 여권 ▪ 4) 시차 ▪ 5) 면세점

8. 예약, 귀중품, 호텔, 금연실, 민박, 로비, 프론트, 모텔, 펜션, 조식, 모닝콜, 흡연실

9. 예약하고, 투숙하실, 침대, 욕조, 흡연실, 숙박비, 숙박비, 조식, 예약해

10. 1) 캠핑: 손전등, 주머니칼, 캠핑카, 모기장, 바베큐 석쇠, 번개탄, 캠핑 용품, 모닥불, 야영지, 등산화, 텐트, 침낭
    2) 해변가: 비치 파라솔, 해수욕장, 서핑하다, 모래성, 모래, 파도, 수상스키를 타다

11. 1) c ▪ 2) d ▪ 3) b ▪ 4) a ▪ 5) g ▪ 6) e ▪ 7) f

12. 한 장, 편도, 왕복, 왕복, 출발하는, 출발해서, 도착하, 좌석, 예약하, 예약하고, 갈아타/환승해, 다른 기차, 갈아타/환승하, 도착하, 플랫폼

13. 1) 탑승권 ▪ 2) 공항 ▪ 3) 비상구 ▪ 4) 승무원 ▪ 5) 비즈니스석 ▪ 6) 국제선 ▪ 7) 기장 ▪ 8) 면세점 ▪ 9) 안전

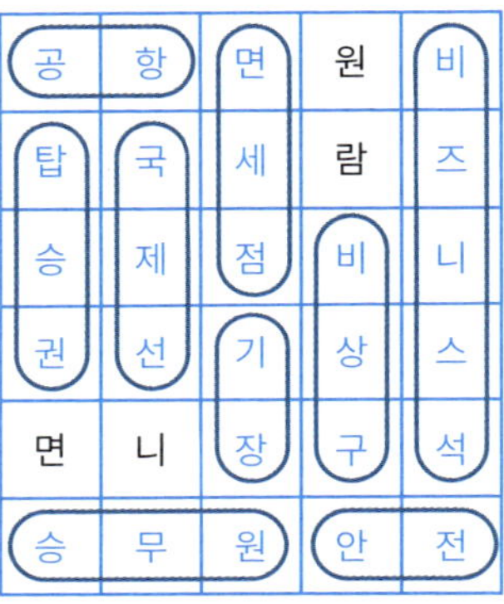

공	항	면	원	비
탑	국	세	람	즈
승	제	점	비	니
권	선	기	상	스
면	니	장	구	석
승	무	원	안	전

14. 1) 정시에 도착하다 pünktlich ankommen ▪ 2) 비자를 받다 Visum erhalten ▪ 3) 비행기를 놓치다 den Flug verpassen ▪ 4) 안전벨트를 매다 sich anschnallen ▪ 5) 좌석에 앉다 Sitzplatz einnehmen ▪ 6) 항공편을 예약하다 Flug buchen ▪ 7) 무임 승차를 하다 schwarzfahren

15. 1) 기차역 ▪ 2) 수하물 ▪ 3) 전광판 ▪ 4) 매표소 ▪ 5) 항공사 ▪ 6) 이코노미석 ▪ 7) 안전벨트 ▪ 8) 국내선 ▪ 9) 비행기표 ▪ 10) 체크인

16. 1) b ▪ 2) d ▪ 3) a ▪ 4) c ▪ 5) h ▪ 6) g ▪ 7) e ▪ 8) f

17. 1) 전광판 ▪ 2) 선박, 등대 ▪ 3) 비자 ▪ 4) 공항 게이트 ▪ 5) 플랫폼 번호 ▪ 6) 수하물 ▪ 7) 왕복

18. 1) f ▪ 2) d ▪ 3) a ▪ 4) b ▪ 5) e ▪ 6) c

19. 1) falsch ▪ 2) falsch ▪ 3) richtig ▪ 4) richtig ▪ 5) falsch

16 Hobbys und Freizeit 취미와 여가

1. 운동을 하다, 춤을 추다, 기타를 치다, 그림을 그리다, 사진을 찍다, 말을 타다

2. 자전거 타기, 수영, 독서/책읽기, 영화, 연극, 음악 감상, 사진, 찍어요, 요리하기, 여행

3. 1) c ▪ 2) e ▪ 3) g ▪ 4) d ▪ 5) f ▪ 6) h ▪ 7) i ▪ 8) b ▪ 9) a

4. 1) 탁구 ▪ 2) 바통 ▪ 3) 높이뛰기 ▪ 4) 눈싸움

5. 전반전, 후반전, 경고, 심판, 축구선수

6. 1) 공격하다 ▪ 2) 지다 ▪ 3) 울다 ▪ 4) 읽다

7. 1) 연주, 피아노, 칠, 치 ▪ 2) 들으세요/들으시나요, 가사, 재즈, 춰, 공연, 쓰, 추

8. 1) 플루트를 ▪ 2) 탬버린을 ▪ 3) 첼로를

9. 1) 독서/책읽기, 만화, 동화(책), 소설(책), 내용, 읽을 ▪ 2) 작가, 소설, 장르, 스릴러, 줄거리, 낭독회, 작가, 독자, 주제/테마, 등장인물

10. Hauptdarsteller 주연 배우, Untertitel 자막, Filmregisseur 영화 감독, Filmkritiker 영화 평론가, Für Minderjährige nicht freigegeben 미성년자 관람 불가, Kinokasse 매표소

11. 1) c ▪ 2) a ▪ 3) f ▪ 4) b ▪ 5) d ▪ 6) e

12. 연극, 극장, 공상 과학 영화, 액션 영화, 공포 영화, 상영 중, 예고편

17 Zeit und Datum 시간과 날짜

1. 1) 아홉 시 삼십오 분 ▪ 2) 다섯 시 십 분 ▪ 3) 일곱 시 이십 분 ▪ 4) 열 시 십오 분

2. 1) 일곱 시 삼십 분/일곱 시 반, 열한 시쯤, 열두 시쯤 ▪ 2) 여덟 시간, 사십 시간/마흔 시간, 오전 아홉 시, 오후 다섯 시 ▪ 3) 다섯 시간 삼십 분, 한 네 시간/대략 네 시간/ 네 시간 정도

3. 유월 십육일, 시월 구일, 팔월 십오일, 시월 사일

4. 1) 이월 ▪ 2) 천구백구십칠 년 시월 십일일 ▪ 3) 이천십 년 ▪ 4) 수요일 ▪ 5) 금요일 ▪ 6) 목요일 오후, 네 시

5. 1) 분 ▪ 2) 초 ▪ 3) 스물네 시간 ▪ 4) 일 ▪ 5) 주 ▪ 6) 달

6. 1) 월요일에 있는 한국어 말하기 수업은 열 시 십오 분에 시작합니다. ▪ 2) 역사 수업은 월요일에 있습니다. ▪ 3) 한국어 쓰기 수업은 수요일에 있고 오후 열두 시에 시작합니다. ▪ 4) 도서관에서 네 시간 공부합니다. ▪ 5) 사라는 목요일에 아홉 시에 일어납니다. ▪ 6) 금요일과 토요일에 아르바이트를 합니다. ▪ 7) 일요일에는 열 시에 일어납니다.

7. 봄, 봄, 겨울, 겨울

8. 사계절, 늦가을, 매년, 방금, 칠월, 다음주, 일주일

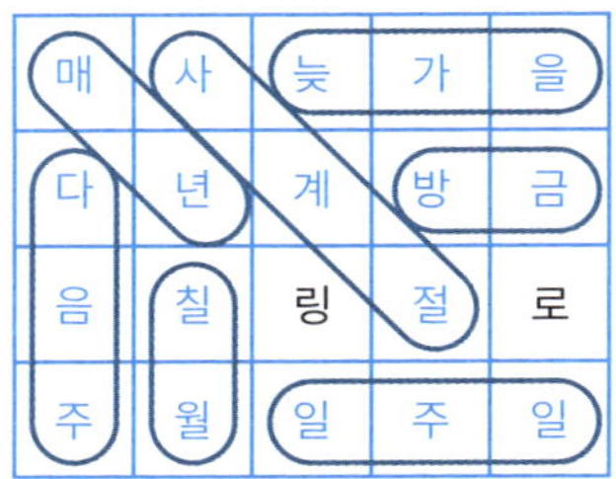

9. 1) d ▪ 2) c ▪ 3) b ▪ 4) b ▪ 5) b
10. 1) 소낙비 ▪ 2) 동쪽 ▪ 3) 일초 ▪ 4) 여기
11. 1)
12. 3)
13. 4)
14. 2)
15. 1) c ▪ 2) a ▪ 3) e ▪ 4) f ▪ 5) b ▪ 6) d

18 Beschreibung von Gegenständen 사물 묘사하기

1. 1) e ▪ 2) d ▪ 3) f ▪ 4) g ▪ 5) b ▪ 6) c ▪ 7) a
2. 1) 각이 지다 ▪ 2) 빨강 ▪ 3) 어둡다 ▪ 4) 눈부시다 ▪ 5) 진하다
3. 연보라색, 초록(색)/녹색, 파란색/파랑, 파란색/파랑, 빨간색/빨강, 희/하얗, 까매서/검어서
4. 1) 얼굴이 빨개요., 빨간 얼굴, rotes Gesicht ▪ 2) 하늘이 파래요., 파란 하늘, blauer Himmel ▪ 3) 양말이 까매요., 까만 양말, schwarze Socken ▪ 4) 지갑이 노래요., 노란 지갑, gelbes Portemonnaie ▪ 5) 방이 어두워요., 어두운 방, dunkles Zimmer ▪ 6) 방이 밝아요., 밝은 방, helles Zimmer
5. 네모난, 동그란/둥근, 빨갛, 노란색/노랑, 짙은 녹색/초록(색), 남색
6. 1) 산의 높이, Höhe des Berges ▪ 2) 방의 넓이/너비, Breite des Zimmers ▪ 3) 창문의 크기, Größe des Fensters ▪ 4) 한강 다리의 길이, Länge der Hangang-Brücke
7. 1) b ▪ 2) d ▪ 3) b ▪ 4) b ▪ 5) c
8. 1) 저울, 저울, 그램 ▪ 2) 리터 ▪ 3) 거리 ▪ 4) 제곱미터 ▪ 5) 킬로그램 ▪ 6) 미터, 킬로미터 ▪ 7) 양 ▪ 8) 세로, 가로
9. 1) e ▪ 2) b ▪ 3) a ▪ 4) c ▪ 5) d

10. 삼각형, 사각형, 곡선, 직선, 그램, 모양, 타원형, 대각선, 점

11. 1) 한국에서는 무지개 색깔을 일곱 색으로 나눕니다. ▪ 2) 무지개의 색깔은 빨간색, 주황색, 노란색, 초록색, 파란색, 남색 그리고 보라색입니다. ▪ 3) 우리 눈에는 무지개의 모양이 반원처럼 보입니다. ▪ 4) 실제로 공중에서 보는 무지개는 원형입니다.

12. 1) 바탕색인 흰색은 순수함과 평화를 상징합니다. ▪ 2) 태극의 윗부분은 빨간색으로 양을 상징하고 태극의 아랫부분은 파란색으로 음을 상징합니다. ▪ 3) 태극을 둘러싸고 있는 선들은 검은색입니다. ▪ 4) 왼쪽 윗부분에 있는 세 개의 긴 선들은 하늘을 상징하고 오른쪽 아랫부분에 짧게 끊어진 선들은 땅을 상징합니다. 왼쪽 아랫부분과 오른쪽 윗부분에 있는 길고 짧은 선들은 각각 불과 물을 상징합니다.

19 Medien 미디어

1. 1) c ▪ 2) a ▪ 3) f ▪ 4) e ▪ 5) g ▪ 6) b ▪ 7) h ▪ 8) d
2. 1)
3. 3)
4. 4)
5. 1) 파일 ▪ 2) 메모리스틱 ▪ 3) 비밀번호, 아이디/아이디, 비밀번호 ▪ 4) 오류 메시지 ▪ 5) 다루 ▪ 6) 바이러스 ▪ 7) 인쇄해 ▪ 8) 게시판
6. Entwurf speichern 임시저장, Senden 보내기, Von 보내는 사람, An 받는 사람, Cc 참조, Bc 숨은 참조, Betreff 제목, Anhang 첨부파일
   1) 께 ▪ 2) 안녕하세요 ▪ 3) 안녕히 계세요 ▪ 4) 드림
7. 1) c ▪ 2) d ▪ 3) e ▪ 4) a ▪ 5) f ▪ 6) b
8. 1) 하다 ▪ 2) 접속하다
9. 1) 휴지통 ▪ 2) 주소록 ▪ 3) 임시 보관함 ▪ 4) 보낸 편지함 ▪ 5) 스팸 메일함
10. 1) d ▪ 2) a ▪ 3) e ▪ 4) b ▪ 5) f ▪ 6) c
11. 1) 생방송 ▪ 2) 시청자 ▪ 3) 청취자 ▪ 4) 탤런트 ▪ 5) 리모컨

12. 언론, 보도, 편집, 신문, 컬럼, 독자, 기자, 잡지

언	론	가	편	타	신
사	시	보	지	집	문
응	달	도	기	잠	도
빛	잡	주	트	컬	미
기	사	지	독	정	럼
자	라	바	자	뇨	홍

13. 1) d ▪ 2) e ▪ 3) a ▪ 4) f ▪ 5) b ▪ 6) c

14. 1) 기자 ▪ 2) 사회자 ▪ 3) 리포터 ▪ 4) 편집자 ▪ 5) 아나운서 ▪ 6) 토크쇼 진행자

15. 1) 일간지 ▪ 2) 구인 광고 ▪ 3) 허위 기사 ▪ 4) 헤드라인 ▪ 5) 독자 ▪ 6) 잡지

16. 1) 청취하다 ▪ 2) 실리다

17. Inhaltsverzeichnis 목차/차례, Titel 제목, Hauptteil 본문, Anhang 부록, Neuauflage 신판, Inhalte 내용, Index 색인, Erscheinungsjahr 출판 연도, Verlage 출판사, vergriffen sein 절판되다

20 Staaten und Politik 국가와 정치

1. 1) c ▪ 2) a ▪ 3) e ▪ 4) d ▪ 5) b

2. 1) a ▪ 2) d ▪ 3) b ▪ 4) c ▪ 5) c ▪ 6) d ▪ 7) c

3. 외교부, 국방부, 환경부, 여성 가족부, 통일부, 보건 복지부

식	국	방	부	보	규
외	기	비	건	마	네
교	세	복	통	코	환
부	지	척	일	경	전
부	푸	가	부	래	자
여	성	가	족	부	패

4. 선거, (정)당, 후보(자), 선거 운동, 선거 포스터, 선거 공약, 후보(자), 유권자, (정)당

5. 1) 어기 ▪ 2) 지켜 ▪ 3) 가결되 ▪ 4) 진압했 ▪ 5) 살해했 ▪ 6) 위조했

6. 1) 경찰, 음주 단속 ▪ 2) 형사, 범인, 목격자 ▪ 3) 지문 ▪ 4) 수갑

7. 살인죄, 무기징역, 증인 진술, 검찰, 살인죄, 감옥, 무죄, 탈옥, 무죄, 석방, 감옥, 배상

8. 2)

9. 1)

10. 1) d ▪ 2) e ▪ 3) a ▪ 4) f ▪ 5) b ▪ 6) c

11.

1 재	2 판				6 여
	3 사	4 형		7 야	당
8 범		5 법	원		
행	12 증			10 가	
장	인		11 피	해	자
9 소	송			자	

12. 1) 교통사고는 3월 7일 오전 8시 10분쯤, 한강 공원 근처 도로에서 일어났습니다.
2) 교통사고를 낸 사람은 포르쉐 승용차 운전자 이 모 씨였습니다.
3) 교통사고는 이 모 씨가 마약을 복용하고 취한 상태에서 운전했기 때문에 일어났습니다.

21 Geografie, Völker und Sprache
지리, 지형, 민족과 언어

1. 1 Nordamerika 북아메리카 ▪ 2 Europa 유럽 ▪ 3 Asien 아시아 ▪
4 Afrika 아프리카 ▪ 5 Australien 호주 ▪ 6 Südamerika 남아메리카

2. 1) 후지산 ▪ 2) 사하라 사막 ▪ 3) 철강 ▪ 4) 먹물 ▪ 5) 절벽

3. 1) c ▪ 2) a ▪ 3) b ▪ 4) e ▪ 5) d

4. 1) 후지산 ▪ 2) 알프스 산맥 ▪ 3) 로키 산맥 ▪ 4) 라인강

5. 1) b ▪ 2) e ▪ 3) d ▪ 4) b ▪ 5) a

6.

9 숲		1 동		6 호
	2 서	쪽		수
3 동	굴		4 밀	
		5 썰	물	
7 자	갈			8 섬

7.

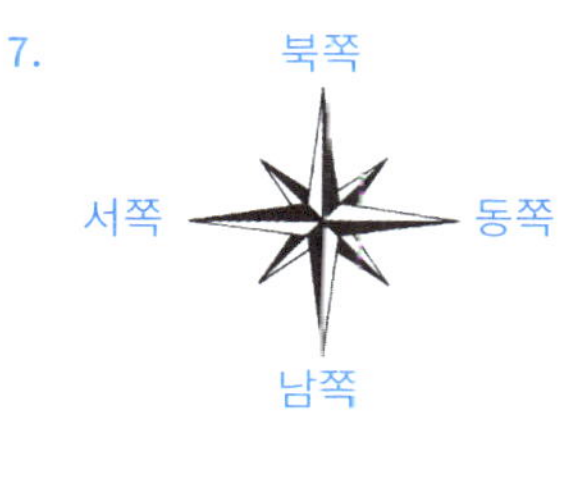

8. 1) 북동쪽 ▪ 2) 북쪽 ▪ 3) 북서쪽 ▪ 4) 남쪽 ▪ 5) 남서쪽

9.

10. 1) b ▪ 2) a ▪ 3) b ▪ 4) d ▪ 5) b ▪ 6) c ▪ 7) d

11. 1) 그리스 ▪ 2) 스페인 ▪ 3) 일본 ▪ 4) 조선민주주의 인민공화국/북한 ▪ 5) 튀르키예 ▪ 6) 프랑스

12. 1) b ▪ 2) e ▪ 3) c ▪ 4) d ▪ 5) b

13. 1) 독일어 ▪ 2) 일본어 ▪ 3) 영어 ▪ 4) 포르투갈어 ▪ 5) 프랑스어 ▪ 6) 스페인어 ▪ 7) 아랍어

14. 프랑스, 독일, 일본인/일본사람/일본분, 프랑스인/프랑스사람/프랑스분, 프랑스, 독일, 다문화 가족/가정, 일본어, 프랑스어, 영어, 독일어, 한국, 이중언어

22 Grammatische Wörter 문법 관련 어휘

1. 1) 만 ▪ 2) 도 ▪ 3) 치고 ▪ 4) 나 ▪ 5) 마다 ▪ 6) 따라 ▪ 7) 커녕 ▪ 8) 쯤 ▪ 9) 야, 아
2. 1) 부터, 까지, 부터, 까지 ▪ 2) 부터, 부터 ▪ 3) 에서부터, 까지
3. 1) f ▪ 2) b ▪ 3) e ▪ 4) d ▪ 5) c ▪ 6) a
4. 1) 에, 에 ▪ 2) 에서, 에서 ▪ 3) 으로, 으로 ▪ 4) 에, 에 ▪ 5) 에/로, 에/으로
5. 1) 보다 ▪ 2) 처럼/만큼 ▪ 3) 처럼 ▪ 4) 만큼, 만큼 ▪ 5) 같은
6. 그런데, 그래서, 그리고, 그러면, 그래도, 그렇지 않으면
7. 1) c ▪ 2) e ▪ 3) f ▪ 4) a ▪ 5) d ▪ 6) b
8. 1) 도대체 ▪ 2) 별로 ▪ 3) 하마터면 ▪ 4) 간신히 ▪ 5) 설마 ▪ 6) 틀림없이 ▪ 7) 바로 ▪ 8) 마치 ▪ 9) 아무쪼록
9. 1) f ▪ 2) c ▪ 3) d ▪ 4) b ▪ 5) i ▪ 6) j ▪ 7) e ▪ 8) h ▪ 9) g ▪ 10) a
10. 1) 무엇, 무슨/어떤, 무엇, 어디 ▪ 2) 어디, 어느, 얼마, 어떻게 ▪ 3) 몇, 언제/몇 시에, 왜 ▪ 4) 누구한테서/누구에게서, 얼마나, 얼마나
11. 1) 저 ▪ 2) 너 ▪ 3) 저희 ▪ 4) 우리 ▪ 5) 그녀
12. 1) 이건, 그건 ▪ 2) 이게 ▪ 3) 저게 ▪ 4) 그걸 ▪ 5) 이게, 이걸로
13. 1) 아무도 ▪ 2) 누구나 ▪ 3) 아무것도 ▪ 4) 언제든지 ▪ 5) 무슨/어떤 ▪ 6) 얼마든지
14. 1) 있다, 계시다 ▪ 2) 성함 ▪ 3) 병 ▪ 4) 돌아가시다, sterben ▪ 5) 먹다/마시다, essen/trinken ▪ 6) 나이, 연세 ▪ 7) 시장하다, Hunger haben
15. 1) 나이, 연세 ▪ 2) 먹, 드십니다 ▪ 3) 마시, 드십니다 ▪ 4) 자, 주무십니다 ▪ 5) 돌아가실

Textübersetzungen 번역

1 Angaben zur Person / Personenbeschreibung 개인 정보와 인물 묘사

Sich vorstellen (6)

Hallo, mein Name ist Suji Kim. Ich bin 27 Jahre alt. Ich wurde am 14. März 1995 in Busan geboren. Derzeit lebe ich mit meinen Eltern und meiner jüngeren Schwester zusammen in Seoul. Meine Schwester ist drei Jahre jünger als ich. Zurzeit studiere ich an der Korea Universität Koreanische Literaturwissenschaft.

Da ich seit meiner Kindheit viele Bücher lese, gaben mir meine Freunde den Spitznamen „Bücherwurm". Ich finde, dass dieser Spitzname sehr gut zu mir passt. Ehrlich gesagt, mein Traum für die Zukunft ist es Schriftstellerin zu werden. Habt ihr auch zu Hause oder in der Schule einen Spitznamen?

2 Menschlicher Körper 인체

Die Veränderungen des Körpers, wenn man verliebt ist (13)

Wenn wir etwas Leckeres essen, etwas sehen, was uns gefällt, oder wenn wir jemanden treffen, den wir mögen, wird in unserem Gehirn das Hormon Dopamin produziert, das uns Glück fühlen lässt. Wenn man vor der Person steht, die man mag, dann wird das Hormon Adrenalin ausgeschüttet, welches das Gesicht erröten, das Herz schlagen, die Handflächen schwitzen und uns nervös und unruhig werden lässt.

Wenn man sich verliebt, fühlt man sich zwar sehr glücklich, aber es kann auch dazu führen, uns traurig oder wütend zu machen. Wenn man die geliebte Person vermisst oder wenn man sich mit der geliebten Person gestritten hat und wütend ist, kann es auch dazu führen, dass man nicht gut schlafen kann. Wenn man demnach nicht gut schläft, kann das zu vielen negativen Folgen führen, wie z. B. Augenringen und kalten Schweißausbrüchen.

3 Gefühle 감정

Die Inselbewohner (12)

Wenn der Winter kommt, sehen die Inselbewohner, die hier in der Nähe des Meeres leben, einsam und verlassen aus. Die Tage werden schnell dunkel und auch der Windregen bläst stark, sodass die Menschen nach der Arbeit schnell nach Hause gehen. Daher gibt es fast kaum Gelegenheiten, Menschen zu treffen. Wenn man beim Einkaufen zufällig Menschen trifft, dann wird weder gelächelt noch freundlich gegrüßt. Irgendwie machen sie ein unzufriedenes und besorgtes Gesicht.

Immer wenn ich die Inselmenschen sehe, die nicht glücklich aussehen und ein unzufriedenes Leben führen, vermisse ich die lustigen und glücklichen Zeiten, die ich mit meinen Freunden aus der Heimat hatte.

4 Menschliche Beziehungen 인간 관계

Sarahs Ehe (16)

Meine Freundin Sarah hat Minsu geheiratet. Sie lernten sich als Kollegen bei dem ABC Unternehmen kennen und verliebten sich ineinander, während sie sich drei Jahre lang gedatet haben. Eines Tages machte Minsu Sarah einen Heiratsantrag, den Sarah annahm, und sie heirateten schließlich. In der Firma waren sie als das Traumpaar bekannt, da sie einander gut verstanden. Zu der Hochzeit kamen ihre Arbeitskollegen Dongjin, Chiseok, Minho und Minji, sowie die Eltern und Verwandten, um ihnen zur Hochzeit zu gratulieren. Der Bräutigam war so toll wie ein Prinz und die Braut so hübsch wie eine Prinzessin. Sofort nach der Hochzeitsfeier sind sie für ihre wunderschönen Flitterwochen in die Schweiz aufgebrochen.

Ein Jahr nach ihrer Hochzeit bekam Sarah ein Kind. Sie sagten, es sei ein Junge. Es heißt, dass Sarah bald Mutter und Minsu Vater wird. Ich freue mich sehr, dass sie eine glückliche Familie gegründet haben.

Aber die Ehe war nicht erfolgreich. Als die beiden drei Jahre verheiratet waren, stritten sich Sarah und Minsu oft. Sarah fand heraus, dass Minsu sie betrogen hatte und fremdgegangen war. Schließlich konnte Sarah Minsu nicht mehr vertrauen und ließ sich scheiden. Dennoch blieben Sarah und Minsu weiterhin in Kontakt miteinander. Da sie einen gemeinsamen Sohn hatten, trafen sie sich einmal im Monat, um über die Probleme des Sohnes zu sprechen.

Ein Jahr nach ihrer Trennung von Minsu begann Sarah sich mit dem Arbeitskollegen Dongjin zu treffen. Jetzt, fünf Jahre später, ist Sarah wieder verheiratet und hat eine hübsche Tochter geboren.

7 Einkaufen 쇼핑하기 / 장보기

Das koreanische Kaufhaus (6)

Wenn ich nach Korea reise, verbringe ich damit viel Zeit, in Kaufhäusern einzukaufen. Zunächst einmal fühle ich mich immer gut, wenn ich ein Kaufhaus betrete, denn es ist sauber, strahlend und hell. Und mir gefällt auch der kundenfreundliche Service des Personals. Vor allem aber sind koreanische Kaufhäuser sehr praktisch, da an einem Ort mehrere Läden sind und man so verschiedene Produkte einfach erwerben kann. Wenn man in ein koreanisches Kaufhaus geht, ist es vor allem sehr bequem einzukaufen, da mehrere Läden an einem Ort vorhanden und verschiedene Produkte einfach zu kaufen sind.

Zunächst trifft man auf die Lebensmittelabteilung, wenn man mit der Rolltreppe oder dem Aufzug ins Untergeschoss fährt. Dort werden zwar auch die üblichen Lebensmittel wie Gemüse, Fleisch, Obst, Fisch, Getränke etc. verkauft, aber man findet auch fertig zubereitete und verpackte Zutaten zum Kochen und verschiedene Beilagen. Darum ist das Untergeschoss überfüllt mit Menschen, die ihrem Einkaufen nachgehen. Und wenn man beim Einkaufen durch die Lebensmittelabteilung schlendert, kommt man an den Verkostungsständen vorbei, an denen man die Möglichkeit hat, zubereitete Wurst, Mandu etc. oder Getränke wie Kaffee oder Saft kostenlos zu probieren.

Im Erdgeschoss des Einkaufszentrums befinden sich Accessoires wie Schmuck oder Sonnenbrillen sowie alles, was man zum Schminken braucht, wie Cremes, Lotionen und Foundation und dazu Körperpflegeprodukte wie Shampoo, Conditioner, Rasierer und Zahnbürsten. Im ersten Stock befindet sich die Abteilung für die Damenbekleidung, im zweiten Stock die Abteilung für die Herrenbekleidung und im dritten Stock Babyartikel und Spielzeuge. Bei der Damenbekleidung sind Schaufensterpuppen in hübschen Kleidern und bei der Herrenbekleidung sind männliche Schaufensterpuppen in schicken Anzügen ausgestellt. Im vierten Stock werden Haushaltsgeräte, Haushaltswaren und ähnliches verkauft. Meine Lieblingsetagen sind die Lebensmittelabteilung im Untergeschoss und die letzte fünfte Etage mit den Cafés und Restaurants. Hier kann man einen Kaffee trinken oder essen und sich dabei von der Müdigkeit beim Einkaufen erholen.

Der koreanische Mini-Markt (15)

Anders als in Deutschland ist es in Südkorea einfach, einen Mini-Markt zu finden.

Ein Mini-Markt ist ein kleiner Laden, der für die Bequemlichkeit seiner Kunden den ganzen Tag, 24 Stunden lang, geöffnet hat. Man kann ihn einen kleinen Supermarkt nennen, in dem verschiedene Gegenstände verkauft werden, darunter Artikel des täglichen Bedarfs, Fertiggerichte und Lebensmittel. Mini-Märkte befinden sich für eine bequeme Nutzung in stark besuchten Gegenden.

So kann man spät nachts auf dem Heimweg Fertiggerichte wie Instantnudeln, Udon und Dreieckskimbap kaufen und essen, aber auch Artikel des täglichen Bedarfs, wie Zahnbürsten, Zahnpasta und Shampoo sowie Getränke, Feuchttücher, Zigaretten und Lottoscheine etc., jederzeit kaufen.

Darüber hinaus bietet ein Mini-Markt nicht nur den Verkauf von Waren, sondern auch diverse Dienstleistungen an. So kann man zum Beispiel seine Pakete beim nächsten Mini-Markt übergeben oder, falls es dort einen Geldautomaten gibt, zu jeder Zeit auch Geld abheben oder überweisen.

8 Essen und Trinken 음식과 음료

Unser Familienfrühstück (19)

Da alle aus meiner Familie an Wochentagen vormittags beschäftigt sind, frühstücken wir eher einfach. Normalerweise verlassen wir das Haus, nachdem wir einen Toast mit Frischkäse oder Marmelade essen und ein Glas Milch trinken. Am Wochenende kaufen und essen wir dann natürlich auch mal verschiedene Brotsorten aus der Bäckerei. Meine Mutter mag eher Mehrkornbrot oder etwas festeres Vollkornbrot sowie Schwarzbrot, während mein Vater oft Croissants oder Brötchen verzehrt. Genauso wie mein Vater mag ich zwar weiches Brot, aber esse ab und zu auch Vollkornbrot. Sonntagmorgens bereiten wir das Frühstück in aller Ruhe vor. Wir essen gekochte Eier oder belegen das Brot mit Rühreiern und schmieren Frischkäse auf das Brot. Meine Familie mag jedoch weder Schinken noch Wurst, weshalb sie nicht auf den Frühstückstisch kommen.

Die Ernährung meiner Familie stellt sich in letzter Zeit langsam auf eine gesunde Ernährung um. Meine Mutter sagte, dass mein Vater und ich zu viel nährwertarmen Toast essen und schlug uns dabei Müsli mit viel Hafer, Gerste und Erdnüssen vor. Man kann Milch oder Sojamilch und Joghurt hinzufügen oder es mit Obst wie Erdbeeren, Heidelbeeren oder Äpfeln sowie Trockenobst versüßt verzehren.

9 Wohnen und Haushalt 주거와 집안일

Mein zukünftiges Traumhaus (23)

Mein Haus ist ein dreistöckiges Haus mit Meerblick. Vor und hinter dem Haus gibt es einen großen und einen kleinen Garten mit schönen Bäumen und Blumen. Neben dem Haus befindet sich eine Garage, was das Parken sehr bequem macht. Und es ist sicher, da ein Briefkasten und eine Alarmanlage am Eingang installiert sind.

Wenn man die Haustür öffnet, die Schuhe auszieht und eintritt, sieht man ein großes Wohnzimmer mit Fenstern, eine kleine Bibliothek, ein Arbeitszimmer und eine schöne Küche. Alle Zimmer haben hohe Decken und beheizte Fußböden, sodass der Raumboden im Sommer kühl und im Winter warm ist. Außerdem sind die Zimmer gut schallisoliert, sodass man in der Bibliothek in Ruhe ein Buch lesen oder im Arbeitszimmer Klavier oder Geige spielen kann. Auf der im Garten befindlichen Terrasse kann man dann auch mit der Familie gemeinsam die Aussicht genießen, als auch speisen.

Im zweiten Stock befinden sich drei Schlafzimmer und zwei Bäder. Wenn man die Fenster meines Schlafzimmers oder die meiner Eltern öffnet, kann man das erfrischende Meer sehen. Mein Schlafzimmer ist mit einem Bett, einem Schminktisch, einer Kommode mit vier Schubladen und einem Kleiderschrank ausgestattet. So kann ich alle benötigten Kleidungsstücke darin aufbewahren.

Wenn man hinunter ins Untergeschoss geht, gibt es drei Räume. Es gibt eine Abstellkammer, um ungenutzte Gegenstände zu verstauen, und eine Vorratskammer, um Lebensmittel für eine längere Zeit aufzubewahren. Zudem kann man im Waschraum, in dem eine Waschmaschine und ein Trockner aufgestellt sind, ganz einfach Wäsche waschen.

Das ist mein zukünftiges Traumhaus.

10 Tiere und Pflanzen 동물과 식물

Der Eisbär (9)

Dieses Tier lebt in kalten Polarregionen und ist aufgrund seines großen Körpers, seiner dicken und kurzen Beine sowie seines dicken und vollen, weißen Fells als Polarbär bekannt. Seine Haut unter dem weiß-erscheinenden Fell ist in Wirklichkeit schwarz. Es heißt, dass diese schwarze Haut Wärme absorbiert und beim Fortbewegen über dem Eis oder im Schnee für eine Aufrechterhaltung der Körperwärme und für Schutz vor Feinden sorgt.
Die Krallen dieses Tieres seien sehr scharf und sein Geruchssinn so stark ausgeprägt, dass es den Geruch seiner Beute sogar bei größerer Entfernung aufnehmen könne. Die Hauptnahrungsquelle dieses Tieres sind Seehunde. Bei der Jagd derartiger Beute wartet es neben einem Eisloch bis ein Seehund zum Luftholen auftaucht, um sich dann darauf zu stürzen und es zu fressen. Auch wenn dieses Tier von außen recht sanft und freundlich erscheint, ist es ausgesprochen aggressiv und ein gefährliches Raubtier.

Mein Lieblingstier (11)

Meine Lieblingstiere sind Katzen. Als ich noch klein war, hatte ich zwar einen Hund als Haustier, aber noch nie eine Katze. Erst nachdem ich geheiratet und einen Garten besessen habe, konnte ich endlich eine Katze aufziehen.

Anders als bei Hunden ist das Aufziehen von Katzen einfacher, da sie sehr selbstständig sind und daher mehrere Stunden zu Hause verbringen können, ohne jeden Tag Gassi geführt zu werden. Katzen besitzen aufgrund ihrer ausgeprägten Neugier und Geduld die Angewohnheit, stundenlang am Fenster oder auf dem Balkon sitzend vorbeiziehende Menschen und Vögel zu beobachten. Sie neigen dazu, tagsüber zu schlafen, da sie nachtaktive Tiere sind, die im Dunkeln gut sehen und hören können. Zumal sie Vorderpfoten, scharfe Krallen und einen langen Schwanz besitzen, bewegen sie sich flink, klettern auf Bäume und fangen Vögel oder Mäuse.

Darüber hinaus sind Katzen sehr saubere Tiere. Sie putzen sich eigenständig sauber, indem sie ihr Fell auslecken. Besonders wenn Katzen sich behaglich, sicher und zufrieden fühlen, schnurren sie, was mich beim Hören dieses Geräusches beruhigt und friedlich stimmt. Dazu kann man Katzen streicheln, anfassen und auch umarmen.

Im Gegensatz dazu können sie, wenn sie von jemandem gereizt werden, mit ihren scharfen Krallen ins Gesicht kratzten. Daher sollte man am besten aufpassen und falls möglich nichts machen, was die Katzen nicht mögen (z. B. das Anfassen von Bauch oder Schwanz).

Selbstverständlich gibt es auch Punkte, die mir beim Aufziehen von Katzen nicht gefallen. Man muss öfter putzen, da Katzen Möbel durch das Zerkratzen von Kleiderschränken oder Sofas beschädigen können und sie viel Fell verlieren und diese an Klamotten oder am Sofa hängen bleiben können.

Die Vorlieben meiner Familie und von Nabi (14)

Ich hasse die meisten Insekten. Besonders Mücken und Fliegen hasse ich geradezu. Wenn man im Sommer im Garten grillt, kann man nicht einmal wirklich essen, weil Fliegen herumschwirren. Wenn man abends schlafen möchte, ist das unmöglich, da die Mücken am Ohr herum summen. Anders als ich kreischt meine Tochter, wie widerlich sie aussehen, wenn sie Insekten sieht, die wie Raupen oder Regenwürmer herumkriechen. In unserem Haus lebt aber noch unsere schöne, Insekten liebende Nabi. Nabi ist kein Insekt, sondern der Name unserer Katze. Für Nabi sind Spinnen und Fliegen ein leckerer Snack. Deswegen sieht man bei uns zu Hause in letzter Zeit weder Spinnen noch Fliegen. An Regenwürmern, Raupen und Maikäfern zeigt sie zudem kein Interesse. Manchmal rührt sie sie spaßhalber leicht an und zieht dann weiter. Vor einer Sache hat unsere Katze jedoch große Angst. Und zwar vor stechenden Bienen. Da sie schon einmal von einer Biene in die Pfote gestochen wurde, läuft sie ängstlich davon, wenn sich ihr eine Biene nähert.

11 Wetter und Klima 날씨와 기후

Die Auswirkungen der globalen Erderwärmung (15)

Guten Tag. Heute möchten wir mit Ihnen etwas über die gravierenden Zustände herausfinden, die durch die globale Erderwärmung entstanden sind.

Man sagt, dass aufgrund der globalen Erderwärmung eine wunderschöne Insel im Südpazifik bald nicht mehr zu sehen sein wird. Es heißt, dass die Insel künftig durch den ansteigenden Meeresspiegel im Zuge des Klimawandelns an Fläche deutlich abnehmen könnte. Auch eine benachbarte, kleine Insel, auf der einst viele Pflanzen und Kokospalmen wuchsen, soll vor einiger Zeit aufgrund steigender Temperaturen im Meer versunken und nicht mehr zu sehen sein.

Überschwemmungen und Waldbrände kann man zusätzlich zu den Naturkatastrophen zählen, die durch die globale Erderwärmung hervorgerufen wurden. Jährlich erleiden viele Einwohner aus Ländern wie Indonesien, den Philippinen und Bangladesch schwere Schäden durch Überschwemmungen und Stürme. Auch die Dürre zählt als eines der wesentlichen Auswirkungen der globalen Erderwärmung. Während besonders in der Region im afrikanischen Senegal die Gesamtverfügbarkeit von Wasser um 40–60 % sinkt, verschlimmert sich aufgrund der rasanten Abnahme des durchschnittlichen Jahresniederschlags die Wüstenbildung im Südwesten von Afrika.

14 Verkehr 교통

Die Tankstelle (13)

Da seit Kurzem die Benzinpreise deutlich gestiegen sind, benutzen immer mehr Menschen preisgünstigere Tankstellen oder Selbstbedienungstankstellen. Aus diesem Grund sinkt die Zahl an Beschäftigten an Tankstellen. Wenn man die Selbstbedienungstankstellen nutzen möchte, gibt es einige Dinge, die man beachten muss.

Zunächst sollte man die Kraftstoffart (Benzin, Diesel) und das Tankvolumen kennen. Außerdem empfiehlt es sich, vor dem Tanken den Motor abzustellen. Wenn man bei eingeschaltetem Motor tankt, würde das Benzin in den Motor laufen, was wiederum zu einer Panne des Autos führen kann. Auch kann es passieren, dass ungeduldige Personen, ohne die Zapfpistole zu entfernen, losfahren, was in diesem Fall zu einer Beschädigung der Zapfpistole führt. Deswegen sollte man nicht vergessen, erst loszufahren, wenn die Zapfpistole nach dem Tanken wieder an der Zapfsäule hängt.

15 Urlaub und Reise 휴가와 여행

Die Auslandsreise (19)

Früher unternahm man mit dem Auto oder dem Zug Tagesausflüge in benachbarte Orte, aber heutzutage nimmt die Anzahl an Menschen, die mit dem Flugzeug ins Ausland reisen, stetig zu. Die Ankunfts- und Abflugshallen des Flughafens Incheon sind während der Schulferien oder kurz vor den Feiertagen überfüllt mit Reisenden aus dem Ausland und Touristen, die ins Ausland reisen möchten. Selbst bis spät in die Nacht kann man viele Touristen beobachten, die für die Sicherheitskontrollen in den Abflugshallen oder für das Check-In Schlange stehen. Deswegen ist es bei der Planung von Auslandsreisen wichtig, mit ausreichend Zeit
3 Stunden vorher am Flughafen einzutreffen und einzuchecken.

Während die Nachfrage an Auslandsreisen steigt, gewinnen außerdem auch Auslandsreisen mit Schiffen immer mehr Aufmerksamkeit. Vor allem haben Kreuzfahrten den Vorteil, dass man in der Kabine sitzend die Meereslandschaft oder an Deck stehend die erfrischende Meeresbrise genießen kann. Wenn jedoch die Wellen zu stark schlagen und das Boot dadurch schwankt, kann man seekrank werden. Aus diesem Grund ist es wichtig, eine Stunde vor der Schiffsreise Medikamente dagegen einzunehmen.

17 Zeit und Datum 시간과 날짜

Sarahs Wochenplan (6)

Ich bin montags sehr beschäftigt. Um 8:30 Uhr habe ich koreanischen Grammatikunterricht und direkt im Anschluss um 10:15 Uhr Konversationsunterricht. Nach dem Sprachunterricht gehe ich gegen 12 Uhr in die Mensa, esse zu Mittag und ruhe mich kurz aus. Um 16 Uhr gehe ich dann los, um den Geschichtsunterricht zu besuchen. Deswegen muss ich von 8:30 Uhr bis 18 Uhr durchgehend in der Uni bleiben.

Dienstagmorgens habe ich Unterricht im koreanischen Hörverständnis und um 14 Uhr eine Vorlesung zur koreanischen Kultur.

Mittwochs muss ich nicht früh aufstehen. Mein Unterricht zum koreanischen Schreiben findet erst um 12 Uhr statt. Nach dem Unterricht gehe ich in die Bibliothek und mache von 15 Uhr bis 19 Uhr meine Hausaufgaben.

Der Donnerstag ist mein Lieblingstag. Da ich keinen Unterricht habe, kann ich bis 9 Uhr durchschlafen und mittags meinen Hobbies nachgehen. Ich mag es, Tennis zu spielen. Entweder gehe ich um 14 Uhr Tennis spielen oder ich gehe, falls ich ab und zu Zeit dazu finde, zum Shoppen in die Innenstadt.
Freitags und samstags helfe ich in einem japanischen Restaurant aus.

Ich arbeite Freitagabends von 18 Uhr bis 21 Uhr und samstags von 14 Uhr bis 20 Uhr. Deswegen habe ich nicht viel Zeit zum Lernen oder um mich mit Freunden zu treffen.

Sonntags schlafe ich aus. Ich stehe um 10 Uhr auf und brunche.

18 Beschreibung von Gegenständen 사물 묘사하기

Die Farben und Formen eines Regenbogens (11)

In Korea verwendet man beim Zeichnen eines Regenbogens normalerweise sieben Farben, darunter Rot, Gelborange, Gelb, Grün, Blau, Dunkelblau und Violett. Nimmt man die erste Silbe aller Farben, ergibt sich daraus das Wort „bbaljunochopanambo" für Regenbogenfarbe. Aber in Wirklichkeit sind die Farben, die nach dem Regen im Himmel zu sehen sind, nicht klar und erscheinen vielmehr undeutlich, als ob sich alle Farben vermischt hätten. Normalerweise erscheint im Inneren des Regenbogens violette Farbe und im Äußeren rote Farbe, wobei keine klare Grenze zwischen den einzelnen Farben gegeben ist. Und obwohl die Form des Regenbogens für unsere Augen halbkreisförmig erscheint, kann man tatsächlich aus der Luft betrachtet einen 360 Grad vollständig kreisförmigen Regenbogen sehen.

Die Form und Bedeutung des Taegeukgi (12)

Guten Tag, heute möchten wir etwas über die Gestaltung und Bedeutung des Taegeukgi, der südkoreanischen Nationalflagge, erfahren. Zuallererst ist die Hintergrundfarbe des Taegeukgi weiß. Die weiße Farbe symbolisiert Reinheit und Frieden. Inmitten des weißen Hintergrunds ist ein Kreis, der sogenannte Taegeuk, aufgezeichnet, der im Osten als Ursprung des Universums gilt. Der obere Abschnitt des Taeguks symbolisiert in roter Farbe Yang und der untere Abschnitt in blauer Farbe Yin. Auf diese Weise treffen sich Yin und Yang zu einem vollständigen Kreis zusammen und erzeugen Harmonie, während sie sich endlos umkreisen.

Außerdem ist das Taegeuk-Muster von vier schwarzen Linien umgeben, die alle unterschiedliche Formen besitzen. Diese schwarzen Linien zeigen die endlosen Veränderungen des Universums und der Natur. Die drei länglichen Linien im oberen linken Abschnitt symbolisieren den Himmeln, während die diagonal unterbrochenen Linien im unteren rechten Abschnitt die Erde symbolisieren. Die langen und kurzen Linien im unteren linken und oberen rechten Abschnitt symbolisieren jeweils Feuer und Wasser. Dadurch ist dem Taegeukgi eine östliche, philosophische Bedeutung eingebettet.

20 Staaten und Politik 국가와 정치

Der Verkehrsunfall (12)

Am 7. März gegen 8:10 Uhr ereignete sich auf der Straße in der Nähe des Han-Fluss Parks ein Verkehrsunfall. Ein Porsche prallte gegen einen, an der Ampel haltenden, Mercedes-Benz. Bei diesem Unfall wurde der Fahrer des Mercedes-Benz schwer verletzt und ins Krankenhaus gebracht. Herr Lee, der Unfallverursacher und Fahrer des Porsche, wurde noch am Unfallort festgenommen, als klar wurde, dass er unter Drogeneinfluss gefahren war. Nicht nur das, es wurde ebenso bekannt, dass Herr Lee bereits vor drei Jahren wegen Drogenhandels vorbestraft war.

목소리가 안 나오다	keine Stimme haben	목덜미를 잡다	jdn. beim Genick packen
목젖	Zäpfchen	인후 / 목구멍	Rachen

감기에 걸려서 목이 잠겼어요.	Ich bin erkältet und heiser.
목(이) 말라요. 물 한 잔 주세요.	Ich habe Durst. Bitte geben Sie mir ein Glas Wasser!
목소리가 작아서 잘 안 들려요. 좀 크게 말해 주세요.	Ihre Stimme ist so leise, dass ich Sie kaum hören kann. Können Sie bitte lauter sprechen?
그가 이상하다는 듯이 고개를 갸우뚱해요.	Verwundert neigt er den Kopf zur Seite.
그녀는 고개를 뒤로 젖히고 하늘을 봐요.	Sie legt den Kopf in den Nacken und schaut in den Himmel.

Gesicht 얼굴

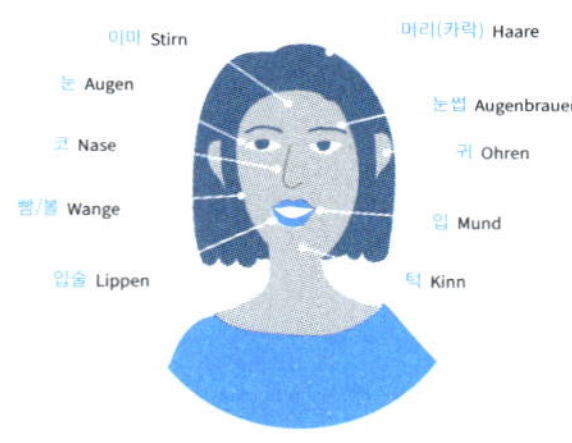

44 Menschlicher Körper 인체

Wo hat man Schmerzen? 어디가 아파요?

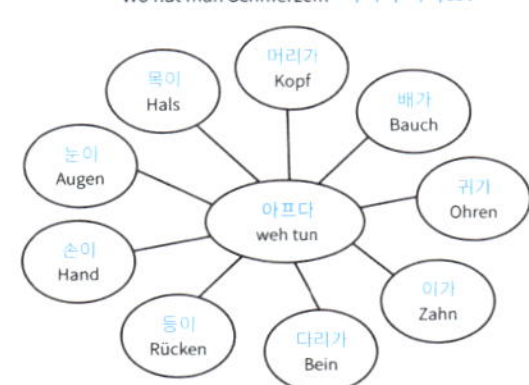

Krankheiten, die häufig mit der Konstruktion -에 걸리다 ‚an etwas hängen' stehen

감기에 걸리다	erkältet sein	관절염에 걸리다	Arthritis/Arthrose haben
독감에 걸리다	eine Grippe haben	암에 걸리다	Krebs haben
코감기에 걸리다	einen Schnupfen haben	위궤양에 걸리다	ein Magengeschwür haben
기관지염에 걸리다	eine Bronchitis haben	식중독에 걸리다	eine Lebensmittelvergiftung haben
폐렴에 걸리다	eine Lungenentzündung haben	피부병에 걸리다	eine Hautkrankheit haben
방광염에 걸리다	eine Blasenentzündung haben	치매에 걸리다	Demenz haben
중이염에 걸리다	eine Mittelohrentzündung haben	디스크에 걸리다	einen Bandscheibenvorfall haben
안구염 / 눈병에 걸리다	eine Augenentzündung haben	변비에 걸리다	Verstopfung haben

116 Gesundheit und Krankheit 건강과 질병

Begrüßung unter Freunden

A: 수진아, 잘 지내?	A: Sujin, geht es dir gut?
B: 응, 잘 지내. 너는 어때?	B: Ja, mir geht's gut, und dir?
A: 그저 그래. 요즘 일이 많아.	A: Es geht so. Ich habe zurzeit viel Arbeit.
B: 오늘 저녁에 시간 있니?	B: Hast du heute Abend Zeit?
A: 응.	A: Ja.
B: 그럼, 같이 저녁 먹고 영화 볼까?	B: Wollen wir dann zusammen Abend essen und danach ins Kino gehen?
A: 그래. 좋지.	A: O.K. Das klingt gut!
B: 그럼, 나중에 보자.	B: Okay. Bis nachher!

Weitere Begrüßungen und Verabschiedungen 기타 인사법

인사법	Begrüßungsarten	안기다	umarmt werden
인사하다	begrüßen	손을 흔들다	jdm. zuwinken
아침 / 점심 / 저녁 인사	Morgen-/Mittags-/Abendgruß	악수하다	sich die Hand geben
고개 숙여 인사하다	mit dem Kopf zunicken	환영하다	jdn. willkommen heißen
허리를 숙이다 / 허리를 굽히다	sich verbeugen	와/과 작별하다	sich von jdm. verabschieden
을/를 안다	jdn. umarmen	(서로) 껴안다 / 포옹하다	sich umarmen

한국과 서양의 서로 다른 인사법 Unterschiedliche Begrüßungen in Korea und im Westen

한국에서는 어른들이나 친하지 않은 사람들에게 인사할 때는 ‚안녕하세요?' 라고 말하면서 고개나 허리를 숙여서 인사합니다. ‚안녕하세요'의 인사말은 아침, 점심, 저녁 시간에 상관없이 언제든지 사용할 수 있습니다. 그런데 미국이나 독일에서는 하루 시간에 따라 아침 인사, 점심 인사 그리고 저녁 인사가 구분됩니다.

Begrüßung und Verabschiedung 인사와 작별 인사 93